JEAN-MARIE GOURIO

Jean-Marie Gourio s'est illustré dans tous les domaines de l'humour iconoclaste : ancien rédacteur en chef de *Charlie Hebdo*, collaborateur sur l'émission de télévision « Palace », rédacteur pour « Les Guignols de l'Info », il est l'auteur du best-seller en huit volumes *Brèves de comptoirs*, commencé en 1985 – adapté au théâtre par Jean-Michel Ribes, et créé à Paris en 1994. Une nouvelle mise en scène des *Brèves de comptoirs* est en cours d'adaptation au théâtre du Rond-Point avec Jean-Michel Ribes ; les représentations devraient commencer en 2010. En 2007 et 2008, sont parus *Les Brèves de comptoir : l'anniversaire !* (Robert Laffont) et *Les nouvelles brèves de comptoir* (Robert Laffont). Il a également publié des romans, graves ou légers, comme *Autopsie d'un nain* (1987), *Les coccinelles de l'Etna* (1993), *Chut !* (1998), *L'eau des fleurs* (1999), *Apnée* (2005) et *Alice dans les livres* (2006).

Les 4 saisons
des Brèves de Comptoir

L'HIVER

DU MÊME AUTEUR
CHEZ POCKET

CHUT !
L'EAU DES FLEURS

BRÈVES DE COMPTOIR : L'ANNIVERSAIRE

LES QUATRE SAISONS DES BRÈVES DE COMPTOIR :

LE PRINTEMPS
L'ÉTÉ
L'AUTOMNE
L'HIVER

JEAN-MARIE GOURIO

Les 4 saisons
des Brèves de Comptoir

L'HIVER

Préface de l'auteur
Choix de Pierre Chalmin

LAFFONT

Le papier de cet ouvrage est composé de fibres naturelles, renouvelables, recyclables et fabriquées à partir de bois provenant de forêts plantées et cultivées durablement pour la fabrication du papier.

ISBN : 978-2-266-18171-6

PRÉFACE INÉDITE DE L'AUTEUR

L'HIVER

Au Café du Thermomètre

Le vent se rassemble Place Clichy, tournoie, se détend, file sur le pont du Cimetière Montmartre en criant dans les ferrailles, remonte à toute blinde la rue Caulaincourt, fait tournoyer les flocons de neige qu'il précipite en couche épaisse sur la porte en verre du Cépage Montmartrois, le client réchauffé qui en ressort après son petit café du matin en a le visage et le cheveu immédiatement blanchis, le vent joue l'entartreur. Premier jour de l'hiver. La neige est magnifique. Les jeunes, qui attendent l'ouverture des portes de l'École privée Saint-Jean-de-Montmartre en frappant le pavé de leurs bottes cerclées de fer, même s'ils font les gothiques marioles, en ont les yeux brillants de contentement. Épaisses silhouettes noires bardées de chaînes et de cuir sur écran de flocons blancs tourbillonnants, les pigeons de Paris impressionnés changent vite de trottoir devant ce petit groupe de corbeaux adolescents surgis des grandes plaines vides du diable vauvert. Sombres volatiles volontiers consommateurs de petites graines d'extasy, alors que, pour Bébert, qui sort à l'instant de chez Shopi et remonte la rue Caulaincourt dans sa blouse bleue de magasinier, poussé dans le dos par le vent glacé qui lui fait ses grandes oreilles couleur crête de coq, ça serait plutôt le vin blanc son bon ami. Et d'ailleurs, il y va, boire son blanc, au Cépage, dont le vent terrible de ce 22 décembre tient fermement le siège. Il y a des gars pris là dedans, accoudés au comptoir devant leur goutte de vin qui se disent déjà, qu'avec ce vent là, ils ne ressortiront pas. Houlà ! Les « houlà » vont fuser, toute la matinée, jusqu'à l'apéritif du midi. Après, c'est le ciel qui décidera, aléa jacta quèquechose, une sortie dans l'atmosphère moins déchaîné sera peut être jouable, vous savez, sur la terre, et surtout à cette heure-là, le buveur n'est qu'un jouet fragile entre les mains froides et manucurées du ciel. André, remets-nous ça, t'as vu le temps qu'y fait, houlà ! Tu vas voir, d'ici une heure, si ça gèle, pour redescendre la rue Caulaincourt, houlà ! Et la rue Tholozé, c'est encore pire, je te raconte pas pour remonter, houlà ! Redescendre et remonter, deux actions à bannir. C'est coincé. Faut rester. Pas bouger. S'entraider. Et moi, dit l'autre accoudé frigorifié par contumace, fallait que je passe au Petit Poucet, au Carolus, et à l'Académie de Billard, avec cette neige qui tombe, houlà ! C'est con, dit un troisième qui grimace, bien embêté, j'avais rendez-vous avec Clochette et Remy, Au Clairon des Chasseurs, Place du Tertre, pour aller boire un coup après à la Civette. Houlà ! Place du Tertre, relève calmement la patron, d'une voix de tueur froid qui devine sa clientèle captive, là-bas là-haut, en disant « là bas là haut », le patron du Cépage renvoie la Place du Tertre et le Clairon loin loin jusqu'au fin fond de la Sibérie, aujourd'hui, là-bas là-haut, assure-t-il, avec cette neige, ça n'ouvrira pas. Houlà ! Le Clairon qui n'ouvre pas, on n'a jamais vu ça ! Putain houlà ! Un silence s'installe. Dehors, la neige qui tombe en abondance étouffe les sons. Le Clairon des Chasseurs qui n'ouvre pas, à cause de l'hiver, sans jeu de mots, ça jette un froid. Les joues rosissent. Les doigts se serrent sur les ballons de rouge et de blanc, autant de verres déjà servis que la tempête n'aura pas. Mourmelon, à la retraite, qui passe tout son temps qu'il a libre, à part celui qu'il passe au bar, à faire chier le monde, il est syndic d'immeuble au 33, regarde l'heure et demande, l'air courroucé, comme s'il était chef ici de quelque chose que les autres buveurs ne sauraient pas, comme en réunion de copropriétaires, pas mieux mais pas pire, le connard chef égal, mais qu'est-ce qu'il fout Bébert, il a la grippe ? Bébert s'est arrêté devant la charcuterie, il parle avec la patronne de la neige qui tombe, il n'y aura pas d'autre sujet, tous les deux, côte à côte sur le trottoir, emmaillotés chaudement dans l'odeur savoureuse des poulets qui rôtissent, regardent, comme deux gosses, les flocons virevoltants fondre en vol à l'approche des grills. Disparaître. Joli tour de magie. Un flocon plus gros que les autres, lourd duvet de flocons agglomérés, arrive à passer la barrière du feu et vient mourir sur la peau grasse grillée de la volaille de Bresse, en un pschitt, dernier cri du flocon, tout petit. La charcutière et le magasinier de chez Shopi attendent le prochain pschitt de la neige sur la peau du poulet. La neige dans ses cheveux, la petite dame a six ans. Un flocon sur son nez, le bonhomme en a sept. Ils seront en retard à l'école. En entrant dans le café du haut de la rue, Bébert sentira bon la grasse volaille, faudra pas non plus que ses collègues le becquettent pour accompagner le vin blanc ! Ces gars là ne mangent jamais chez eux, c'est ici la cantine. Ou au Sancerre dans la rue des Abbesses, à deux pas du Saint-Jean, Macon ballon et saucisson de comptoir. À la Mascotte, en allant vers la rue Lepic, faut les voir qui se régalent, en causant tempête à la Pointe du Raz, de la petite assiette plate de six huîtres accompagnée de son verre haut et rond de Muscadet bien frais, debout au bar, leurs manches relevées, rougeauds, les giboles fines en bois de buis, comme des pêcheurs thoniers dans la mer Montmartroise qui vaut bien dans l'ivresse des conversations de marins de la commune libre, celle d'Iroise.

La neige n'en finit pas de tomber, drue, couvrant la petite vigne de Montmartre. Cinquante-cinq pas, rue Saint-Vincent, sur quarante-cinq pas, quand on remonte la rue des Saules. Un terroir dans un mouchoir. Le fantôme de Jean Rabe cogne contre le volet de bois plein du cabaret Le Lapin Agile. La porte s'ouvre brusquement, comme en rêve. Une lueur jaune, d'un beau jaune d'or, s'étale sur la neige blanche. Frédéric, le patron, coiffé d'un foulard rouge noué derrière la nuque à la manière des pêcheurs du sud, le fait entrer, l'installe dans la grande salle du premier étage devant un feu qui brûle dans un foyer grand comme un bol, et lui sert du vin. Comme il est affamé, sans argent, il lui porte une tranche de pain et de rillettes. Jean Rabe boit son verre de vin qui d'un retour de flamme de l'intérieur, lui incendie le visage. Dehors, la flamme de l'unique bec de gaz clignote faiblement, se courbe sous les rafales qui sifflent dans les arbres du cimetière Saint-Vincent. Une forte bourrasque de neige lourde fait disparaître Jean Rabe, le soldat miséreux, et Frédéric, le patron, avant d'éteindre les dernières braises. S'efface le vin brillant. Le pain. Le quai des brumes. Mac Orlan tourne le coin du cimetière. La neige aussitôt efface ses pas. Elle s'amoncelle devant le Lux Bar. Devant les Deux Moulins. Le fantôme de Mac Orlan y rejoint le fantôme de Copi, attablé, bleuté, maigre, solitaire et glacé, sous l'affiche déchirée et jaunie du vieux film, *Amélie Poulain*. Le vent siffle sous la porte du café Le Bruant. Remonte la rue Lepic pour passer à nouveau devant la porte de La Mascotte. Le vent d'hiver fait la tournée des bars.

Bébert rajeuni quitte la charcutière montée en neige et remonte la rue Caulaincourt. Il ralentit le pas. On n'y voit pas à deux mètres, l'air n'est qu'un mur blanc. C'est miraculeux de pouvoir se cacher au milieu de la rue, en plein jour, dans les tourbillons serrés, opaques, comme dans une broussaille épaisse de cristaux. Bébert s'y laisse prendre et stope au milieu du trottoir. Il lève son nez vers le ciel qu'on ne voit plus. La neige recouvre doucement son visage. Chatouille ses paupières. Bébert planqué dans la tempête tire sa langue. Personne ne le voit. Bébert n'existe plus. Il est du vent. De l'eau. De l'air, qui sent le poulet. Il remonte la rue, comme il le faisait quand il allait à la petite école, alternativement, le talon droit contre la pointe du pied gauche, le talon gauche contre la pointe du pied droit, lentement, si lentement, à pas de fourmis. C'est trempé qu'il pousse la porte du Cépage Montmartrois, au 65 de la rue Caulaincourt. Lui qui vient du numéro 50 a mis trois quart d'heure pour faire quinze numéros. La rue monte, c'est vrai, mais ça n'est pas l'Everest. Il est tout blanc. Le nez tout rouge. Il sent le poulet. C'est un vrai Bresse. Il frappe ses pieds sur le sol. Se secoue. Se bat les cuisses. S'installe au comptoir, devant les accoudées qui lancent tous, de concert, un tonitruant, houlà ! Et ça recommence pour le nouvel arrivant, franchement, ça serait trop dommage qu'il en ait perdu des miettes, t'as vu ça Bébert cette neige, je sais pas comment t'as fait pour remonter la rue, houlà ! Et pour redescendre jusqu'à la Place Clichy, houlà ! Et l'avenue Junot, c'est même pas la peine de rêver ! Moi j'avais rendez-vous au Clairon, paraît que c'est fermé ! Le froid déploie son blanc linceul ! Houlà ! Bébert frissonne et jette un coup d'œil sur la plante qu'il offrit un lendemain de cuite hivernale, une échappée solitaire au grog, pour se faire pardonner le passage de ligne jaune par la sévère mais juste patronne du Cépage, madame Marguerite, qui n'est pas là aujourd'hui, pour cause de vilaine toux. La plante vivote sur l'étagère en haut, près des bouteilles de liqueurs qu'on ne boit plus beaucoup ou plus du tout, l'Izarra verte, l'Izarra jaune, la crème de noisette, la crème de banane, et même le vieux Cynar. La plante ratatinée fait son hiver là-haut. Il en a une aussi à la maison, près de la télé, qu'il offrit à Madeleine, sa femme, pour se faire pardonner d'un jour chaud de Beaujolais nouveau, au bar les Pipos, rue de la Montagne-Sainte-Geneviève. C'est normal de s'excuser, tout de même, quand le vin, la bière, le calva, le marc, ou bien l'été le pastis, le Ricard, la Suze, ont débordé. Bébert, manutentionnaire à Shopi, déborde un peu toute l'année. Au Printemps, il déborde un peu au Café du Marché, à Mouffetard, rue des Martyrs, il déborde, au Ronsard, Place Maubert, chez Georges, rue des Canettes, à Montparnasse aussi, et à Aligre, parfois, plus rarement, faut quand même rentrer ! Et puis en été c'est à Benodet, à Locronan, au Guilvinec, pas mal souvent au Bar du Port à Loctudy, et à l'automne, c'est en Bourgogne, vendanges dans l'Yonne et champignons, chez Irène, la belle Irène, qui comprend et qui sait pardonner. En hiver, c'est Montmartre, la Butte, ou rue du Faubourg-Saint-Antoine, rue de Charonne, ou sur les quais, avec quelques flics de la préfecture qu'il a connus un soir au Tribunal du Commerce, à la fête du Beaujolais nouveau avec Jean Tibéri. Dans quelques bars par-ci, par-là, vit une plante, une plante à Bébert. Rassemblées, ces plantes en pot font une forêt. Une sorte d'héritage écologique. Pour quand il sera mort. On dira de Bébert, il a planté un parc à lui tout seul rien qu'en buvant comme une vache et en s'excusant le lendemain. L'oxygène est à la mode. À son niveau, Bébert reverdit notre planète, en commençant son combat pour le vivant par les étagères haut placées dans les bars de quartier. Pendant que certains observent la beauté de la terre depuis la cabine d'un hélicoptère, d'autres montent sur des chaises de bistrot bancales pour arroser des plantes en pot. Boire. Et parler. Se rafraîchir le cafard l'hiver. Se refroidir l'angoisse l'été. Boire. Rire. Dire des conneries et regarder les ronds se faire, dans l'air du bar, comme on jette des cailloux dans l'eau. Brèves de comptoir de printemps. Brèves d'été. Brèves de comptoir d'automne et brèves d'hiver. Les quatre saisons des Brèves de Comptoir.

Vienne la nuit sonne l'heure

Les jours s'en vont je demeure

Et qu'est-ce qu'on boit ?

Jean-Marie Gourio

Pastis mode d'été, Ricard mode d'hiver, c'est pas sorcier, la haute couture.

C'est l'hiver !

— Pff… y a pas plus con comme saison !

J'ai vraiment aucune idée pour les cadeaux cette année…

— Qu'est-ce que ça va vite ! On sort juste du beaujolais nouveau et c'est déjà Noël !

Joyeux Noël, bande de cons !

Y a pas de nuages et y a du vent, ce qui fait que le vent s'encombre pas et va encore plus vite…

Tu me fais froid.

Quand la neige tombe en biais, ça fait des bonhommes de Pise !

Sur la bûche y avait deux petits bonhommes en sucre et le pâtissier en a enlevé un…

— … !!! Et vous l'avez laissé faire ?!

Sur la bûche, c'est le meilleur !

On peut plus avoir confiance en personne ! Voyez les garagistes, s'ils pouvaient, sur quatre roues ils en laisseraient qu'une !

Et les dentistes, ils laisseraient qu'une dent…

Tous les hivers on se coltine la grippe asiatique et ils donnent le prix Nobel de médecine à un Japonais. Je sais pas qui a choisi, mais je tire pas mon chapeau !

Aux tout débuts de la radio, les studios étaient en noir et blanc, j'ai vu des films là-dessus.

C'est la ruche là-dedans ! Mais y a pas une seule abeille qui fait du miel !

Einstein était intelligent comme toi tu chies un coup, il a pas beaucoup de mérite, franchement, tu chies comme tu respires.

Les bons bricoleurs, c'est un don de naissance, sinon tout le monde serait bon bricoleur, et c'est trop.

On a beau dire, mais ça change pas dans les pays où on a pas la liberté de…

— Comme au Chili.

— La liberté de parler. J'aime pas qu'on me coupe…

Avec les films sur la guerre du Viêt-nam, les Américains exorcisent leur défaite, comme du vaudou, mais ça coûte plusieurs dizaines de milliards à la place de couper un cou de poulet. C'est bien les Américains, ça…

Tu prends ta bagnole avec ce brouillard ?!

— Pourquoi, tu veux que je prenne la tienne ?!

Va pas t'imaginer que je m'en fous, mais remarque c'est vrai je m'en branle un peu.

Ma mère m'a dit que j'ai été un enfant prodige pendant deux heures quand j'étais petit.

Le mec qui va inventer la vague silencieuse aura pas perdu sa journée.

Chaque génération a au moins l'obligation de ne pas provoquer la fin du monde. C'est la moindre des politesses pour ceux qui suivent…

Je vais léguer mon corps à la science, mais avant de mourir je m'enfoncerai une petite pièce dans le cul, pour faire passer la pilule.

Au pôle Nord, la nuit dure six mois, t'as pas intérêt à rater le dernier métro.

À la communion, elle s'est endormie juste avant le dessert, la bouche ouverte, on aurait dit une poubelle de table.

Les jeux de construction éveillent l'imagination des enfants, après quand ils sont grands ils construisent des HLM.

Au cinéma, ça sert à rien d'avoir vingt-quatre images à la seconde, on en voit qu'une.

La police fait ce qu'elle peut, si elle faisait ce qu'elle voulait, elle ferait rien du tout…

Le savon fait disparaître le gras, alors logiquement si tu laves du beurre, y te reste que le papier. Je sais, c'est con, c'est histoire de causer.

Les éleveurs se ruineront en dentifrice quand les poules auront des dents.

Avant, les hauts plateaux des Andes servaient de pistes d'atterrissage aux ovnis, quand je dis avant, c'est avant que les arbres poussent, c'est devenu trop dangereux, si t'accroches pas les roues c'est du pot…

New York est une ville trop dangereuse pour qu'on puisse organiser des dégustations gratuites de muscadet.

Un être vous manque, et tout est mal lavé.
— Imbécile ! Et moi qui croyais qu'il était malheureux !

Les bossus ont qu'une bosse, c'est les chameaux qui en ont deux.

Le gag du passant qui glisse sur une peau de banane, c'est bien en hiver. En été, autant profiter des arrivages pour faire rigoler avec des fraises ou des pêches.

Tu me passes le sel.
— Le miel ?!
— Le sel !
— J'avais compris le miel, du miel sur un œuf, je pigeais pas…

Christophe Colomb a pas du tout découvert l'Amérique, c'est les Indiens qui l'ont vue les premiers.

Je boirai du lait de coco quand l'arbre aura des nichons.

Un pays trop libre c'est comme un pré, tu coupes jamais l'herbe et tu vois plus les serpents.

La nature reprend toujours ses droits.
— En tout cas pas chez moi, j'ai pas de jardin.

J'ai ouvert les yeux, je savais plus où j'étais !
— Au commissariat du Ve.

— Non, justement, du XVIIe !
— Qu'est-ce que t'es allé faire le con là-bas ?
— J'en sais rien…

Le soir je picole pas, je rentre tôt, t'as vu la gueule que j'ai…
— Je comprends ! On dirait la doublure d'Adjani !

Je m'en veux de pas pouvoir arrêter de fumer, alors je fume des extra-longues, le bout est tellement loin, j'ai l'impression que c'est un autre qui fume.

Par an 7 000 femmes portent plainte contre leur mari qui les bat, mais c'est pas le même soir, faut remettre les choses à leur place.

Ça marche en ce moment ?
— Rien ! C'est pire que si je vendais des trompettes à la sortie d'un cimetière !

« Au rendez-vous des cons », c'est un drôle de nom pour un café.

Il est marchand de forêts. Je vois pas comment on peut faire pour vendre des forêts. Ça fait des sacrés magasins, hein ?

Ils ont ouvert les archives de l'ONU, si on apprend que t'étais le bistrot préféré d'Hitler, je bois mais je paye plus !

C'est une forme de table qui dépasse l'imagination, elle est en étoile avec six pieds.

J'aime pas les femmes en pantalon, mais c'est moins pire qu'un homme en jupe.

Petit à petit l'oiseau fait son nid, après il pose son gros cul et il chante.

Qu'est-ce que tu vas faire pour les fêtes ?
— Noël en famille et le jour de l'an pas en famille, vu qu'au réveillon de Noël en général on s'engueule avec toute la famille.

Elle s'arrêtait à toutes les boutiques ! Je lui ai dit, ma petite-fille, si tu sors avec ta grand-mère pour te faire payer des habits, c'est raté ! Non mais ! Je la vois une fois par an !

« Je ne redoute point le courroux des dieux », tu te rends compte, avant les mecs parlaient comme ça, les cons !

La classe en ski c'est de pas tomber, au fond c'est ça, alors ça me fait marrer de voir des médailles d'or de « Pas tomber » !

La terre est ronde, alors pour faire le tour en train, il faut bien que les rails soient tordus, comment tu veux faire autrement ?

— Plus tu me le dis…

Plutôt que t'emmouscailler avec une canne et des hameçons, tu ferais mieux de bouffer directement tes asticots.

Sur deux cents hectares, tu fais du maïs, ou du blé, pas des échalotes !

La voiture c'est naturel, alors que la moto c'est comme une banane sans la peau…

Elle achète toujours de la lessive « double action », quand elle la fait, moi je fous rien…

Quelle heure il est ?

— 10 heures.

— C'est quoi à midi ?
— Du jarret aux lentilles.
— Bon, je vais attendre…

Aux innocents les mains pleines de conneries.

Regarde ça ! J'ai un poil de cul sur mon œuf !
— Mais non… les poules ont pas de poil au cul.

Je crois qu'il n'y a que l'amour pour différencier l'homme de l'animal, t'as pas une bestiole qui tomberait amoureuse d'une pouf comme ta femme !

Le jazz, c'est du Picasso qui réveille les voisins. J'aime pas.

Si sur la côte tu sens le vent du large, c'est qu'au large il n'y a pas de vent. Le vent peut pas être partout…

Je sais vraiment pas quoi acheter au gosse pour Noël, t'as pas une idée ?
— Moi j'ai pas de gosse.
— T'as du pot.

J'ai vraiment l'impression d'être abandonné à cet endroit.
— Ça me fait ça aussi.

Personne n'est méchant de naissance, sauf peut-être les concierges.

J'ai des champignons entre les doigts de pied, ça me gratte, ça me gratte !

— Tu te soignes ?

— Impossible, ça me gratte trop !

Les égoutiers trouvent souvent des bijoux au fond des égouts, surtout dans les quartiers comme le XVIe, les bourges perdent leur bague en diamant en épluchant les patates ou des colliers de perles en balayant sous le lit, hop, ça part avec les saletés ! Ça arrondit les fins de mois…

T'as déjà vu les ballets de Béjart ? On dirait un car de Belges qui a renversé une ruche.

Qui c'est qui a dit ça : « On a toujours besoin d'un plus petit que soi » ?

— C'est pas Dédé, hier, quand le grand René avait oublié ses sous ?

L'an 2000 me fout le cafard, après c'est reparti pour 2001, 2002, 2003, 2004, jusqu'à 3000, gnagni, gnagna, et 3001, 3002… ça me fatigue d'avance.

J'ai tout arrêté, la clope, la picole, l'alcool et le tabac, je bois juste deux trois apéros et je fume plus qu'un paquet !

Qu'est-ce qu'elles sont grosses, tes frites !
— Je suis pas payé pour leur faire faire du sport.

Chirac a tout ce qu'il faut dans la tête pour faire un bon président, mais c'est en vrac.

Un livre de chevet ? Mais j'ai pas besoin de livre à mon chevet, je suis pas mourant !

Ça va, madame Jean ?
— Fraîchement…
— Ah bon ?
— Oh, vous savez, ça, c'est le temps.

De nos jours les jeunes mangent pas de viande enragée… même pas un petit bifteck enragé… ou un rognon.

Le temps passe, le temps passe, et nous on le voit pas passer, à croire qu'il fait le tour par l'autre côté du pâté de maisons.

Scientifiquement parlant, c'est un peu un mystère comment ça fait pour nous saouler le pastis, quand tu le regardes, ça paye pas de mine et pourtant…

Moi un pastis et lui un demi.
— Tu te prends pour mon attaché de presse ?!

Tu me donnes un de tes jolis cendriers, mon petit patron adoré que j'aime le plus du monde… non… sans blaguer… tu m'en donnes un, monsieur superpatron ?…
— Non…
— Tu pouvais pas le dire tout de suite !

Le prochain à mourir ça sera Poulidor, il a toujours été second.

Pour les fêtes, tout le monde a envie de mettre des bougies sur sa table, c'est normal, mais ça fait des coulures, les fêtes, ça a aussi l'envers de la médaille, si j'ose dire…

Pour retrouver un criminel ils utilisent les empreintes digitales, mais c'est possible de se tromper, alors ils vont prendre les empreintes digitales des spermatozoïdes, t'en as pas deux avec les mêmes doigts.

Je te l'ai déjà dit je sais plus quand, à partir du moment où les philosophes se font payer pour avoir trois idées qu'ils répètent cinquante fois, je tourne le bouton du poste.

Le tracteur a remplacé les chevaux, encore heureux qu'on puisse pas remplacer le tracteur, parce que le cheval ça va, mais bouffer du tracteur, merci bien !

Violoniste, ça c'est bien, tu branles rien et t'as qu'un violon à porter.

Finalement les guerres ça calme les nerfs, sans les guerres on se taperait dessus.

J'ai jamais eu aussi mal aux cheveux !
— Tu te coiffes trop le foie.

Un Français sur deux ne sait plus ce qu'il a fait la veille, c'est un sondage que j'ai réalisé tout seul hier.

Il fait pas chaud ce matin.
— Tu vas nous dire ça pendant tout l'hiver ?!

Je ne vois pas de quel droit il t'a dit que tu avais une jambe plus courte que l'autre. Il est même pas docteur, ce mec, alors t'inquiète pas…

Au-dessus de 6 000 mètres, l'oxygène devient rare, les alpinistes sont obligés de respirer du gaz carbonique, ça a pas bon goût mais quand t'as que ça…

Elle veut absolument faire de la danse classique après l'école, mais elle est trop grosse, si elle fait les pointes faut aller chercher les tenailles.

Si j'avais à le décrire, je dirais qu'il est con… et pas très grand.

Sur le Paris-Dakar, chaque fois qu'ils écrasent un nègre avec un gros ventre, ça regonfle les pneus.

Je voudrais bien faire des trucs aussi rigolos que rien faire. Tu en connais ?

C'est pas un camping où les gens s'entassent comme des cons, c'est un caravaning.

Si les génies sont toujours en avance sur leur temps, ça veut dire que les cons sont au moins à l'heure, eux !

Un Frigidaire est souvent plus utile qu'une femme qui parle anglais…

Il ne faut pas rire des nains, ça pourrait nous arriver…

Les incendies de forêt obligent les faisans à s'envoler, sinon ces cons-là deviendraient comme les poules, c'est ni plus ni moins un entraînement obligé.

J'ai pas la grosse tête, ça m'aurait suffi dans la vie d'inventer le cornichon.

Je voulais faire médecine pour m'occuper des maladies mais c'est au moins dix ans d'études, à la place je fous rien et je suis malade, comme ça je m'en occupe aussi !

L'aventure, si c'est pour se geler les noix au pôle Nord, je reste au lit avec deux glaçons dans le slip.

Depardieu qui joue avec Adjani, on dirait un éléphant qui cague un noyau d'olive.

Si t'es enseveli sous une avalanche, faut surtout pas bouger, les gars qui te cherchent vont pas creuser à cinquante endroits différents.

Les bonnes résolutions, ça n'engage à rien…

Un chat, c'est indépendant, l'animal le plus indépendant même, et pourtant ça aurait pas idée de plus être français !

T'as assez bu, je te sers plus !
— HOUERK ! BRAHOU !
— Dehors !
— Pourquoi ? j'ai dégueulé, maintenant ça va mieux…

Ça va mieux, ta jambe ?
— Pas trop, elle est encore enflée, j'en ai pour au moins un mois assis en terrasse avant de pouvoir me remettre debout au comptoir.

Une femme, même très laide, sera toujours plus belle qu'un brin de persil, et je ne dis pas ça parce que j'aime pas le persil.

Je supporte pas quand tout va bien et que je suis malade, j'aime autant des guerres partout et que je me mouche plus.

Au Brésil les pauvres vendent leur sang pour s'acheter de quoi manger, ils auraient aussi vite fait d'en faire du boudin.

Avec toutes leurs républiques socialistes, les Russes ont même pas UNE cuvée du Président !

Les glaçons en bonne santé ont le nez froid, comme les chiens.

Ils ont jeté des boules puantes dans le café, ça peut être que des drogués pour faire ça.

Montand qui se fait payer quatre-vingts millions pour faire un peu de morale à la télé, c'est bien les communistes, ça !

Pablo Neruda, c'est une entreprise qui construit des maisons de la culture, tu dois connaître ?

Simone Signoret aurait honte de Montand ! Se faire payer pour dire qu'il l'aimait, c'est pire que la prostitution !

Je sème à tout vent, comme Larousse.
— Non, tu renverses partout, comme dégueulasse !

Quand un moustique tue son papa, on dit un insecticide.

Quand ma femme a accouché, j'ai pas eu le courage d'y aller, quinze stations et trois changements !

Tu n'aurais pas une ou deux olives, j'ai faim ?...

Salut, Jean-Pierre, qu'est-ce que tu bois ?
— Et voilà ! À peine j'arrive et c'est l'interrogatoire !

L'ombre, c'est pas un manque de lumière, c'est plutôt la lumière qui est un manque d'ombre, si tu veux mon avis.

Avec les bûchers, pour une sorcière de soixante-cinq kilos, il fallait bien deux heures ; maintenant ça serait vingt minutes à l'autocuiseur.

Les routiers sont sympas, c'est juste les mecs qui conduisent les camions qui sont des enflures.

Les gens n'aiment pas faire don de leurs organes, ils feraient bien de prendre exemple sur les coquilles Saint-Jacques au beurre blanc...

Ils pêchent au moins dix mille huîtres pour trouver une perle, c'est pour ça qu'une perle coûte cher, cela dit, avant de trouver une saucisse, ils pourraient en pêcher des milliards et pourtant la saucisse c'est pas hors de prix…

Si je te dis que demain j'arrête de boire, c'est histoire d'en prendre une bonne dernière !

Les chercheurs de l'Institut Pasteur ont des tables de ping-pong dans les laboratoires, pas étonnant que la science piétine !

Tu ne me feras pas croire que la neige s'est mise à tomber le jour de l'invention du ski, la neige existait bien avant, oui…

C'est incroyable de dire une chose pareille à son propre père ! « T'étais encore au bistrot ! » !!!

Rien n'est inhumain pour des humains, endors-toi là-dessus…

Les bons magiciens ne font pas leur tour à table !

Plus les choses vont mal et plus le Français bouffe, c'est une forme d'intelligence…

La guerre crée des emplois, mille cons qui meurent, ça fait mille cons à remplacer !

J'ai la nostalgie des années cinquante, 1750, 1850, 1950…

Bon… à la prochaine…

Quinze morts carbonisés dans l'explosion d'un avion, tu sais ce qu'ils ont fait avec les morts ? Ils les ont mis dans une chapelle ardente ! Oui, mon pote ! C'est pas une connerie que j'invente.

Les flics c'est comme les escargots, c'est à la bavure qu'on voit qu'ils sont passés !

Souvent dans les poésies, ça va jamais, les mecs sont jamais contents. Et pourtant, c'est des poètes !

On a pas le droit de conduire avec plus de un gramme huit dans le sang…

— Non, c'est zéro gramme huit.

— Ça m'étonnerait, c'est impossible d'être en dessous !

L'air qu'on respire, je vois pas pourquoi on le recrache, vu que cinq secondes après on en rerespire…

Alors voilà, le pape était là avec plein de pauvres, il leur servait à manger à la télé, et tout d'un coup, je le vois qui se met à table et qui se sert une assiette pour lui, là, au milieu des clochards ! Incroyable le culot, comme si il avait rien mangé chez lui…

Comment tu écrirais « une boîte de petits pois » si la boîte contenait un seul pois ?

L'inspiration ça se commande pas, n'empêche qu'on arrive à faire marcher des régiments d'inspirés ! Ah !

Un clown gagne pas bien sa vie, c'est certain…
— Pourquoi tu parles de ça ?
— C'est rien, je pensais à voix haute…

Je suis la seule de tout le bureau à avoir partagé mes chocolats, c'est sympa, quand même…
— C'est facile, quand on aime pas le chocolat…

— Vous, on vous a pas sonné !

Tu te rends compte, on naît, on construit des cathédrales, on meurt, des fois même avant d'être payé.

Des inutiles, ces gens, des inutiles !

— C'est toi qui vas les ramasser, les poubelles ?

— Je dis pas qu'ils sont inutiles quand ils ramassent les poubelles le matin, je te parle de l'après-midi...

Tous les hommes naissent égaux en droit, mais en droit de quoi ? D'aller à la pêche ou d'attraper du poisson ?

On est les outils de Dieu sur terre, moi rouillé et toi tout tordu ! On a plus qu'à passer nos journées accoudés à l'établi...

On en reboit un ?

— Si tu veux.

— Ah non ! C'est pas si je veux, c'est si ON veut !

La Javel, c'est pas une boisson de femme.

Les mimes, ça dit rien mais ça ment comme ça bouge !

C'est quand même pas sorcier bordel ! T'avances ta montre d'une heure, à quatre heures il est cinq heures !

— Mais non, c'est le contraire, vu que le jour tombe plus tôt, on l'avance pour l'horaire d'hiver.

— Ah non !

Elle s'est suicidée en se mettant la tête dans son four à micro-ondes !

Le passé et le futur, c'est comme un œuf avant qu'il ait été pondu, et après qu'il a été mangé. Le présent, c'est quand t'achètes l'œuf.

Un père qui boit ! Un père qui boit ! D'abord, je suis un homme, merde !

Avec l'imagination on imagine ce qu'on veut, personne te fera chier, c'est pas payé.

Pas con, son truc.

— J'ai pas entendu.

Elle rentre à dix heures et elle me dit : « Tu regardes la Deux ? C'est mieux sur la Trois !… » T'imagines ?!

J'arrive à taper à la machine, mais avec deux doigts seulement.

— Et les autres font quoi pendant ce temps-là ?

— Rien.

Pour savoir si le saint suaire était vrai, suffisait de le laver avec du Bonux, ça fait disparaître les taches de Christ.

Avant de jouer, un bon musicien doit faire le vide dans sa tête.

— En bref, avant de jouer, il est con…

On a pas le droit de t'expulser de ton appartement pendant l'hiver, sauf si la rue est chauffée.

— On est le combien ?

Il est né sous une bonne étoile, mais en Algérie, alors ça annule tout.

Un grand ballon ou un p'tit ballon ?

— Un grand ballon, je suis pas venu faire un baby.

Tu vas au téléphone, t'appelles la Chine, quand t'as un Chinois au bout du fil, tu dis « Pédé, pédé ! » et tu raccroches. C'est le progrès.

Les huîtres ont la vie belle, elles font des perles en restant au lit !

Finalement, nous aussi on se dope, on boit des produits pour courir lentement.

Excusez-moi, mais la camionnette est-elle à quelqu'un d'entre vous ? On ne peut pas passer.
— Non…
— Non…
— Non…
— Non…
— Non…
— Et vous ne savez pas à qui elle pourrait être ?
— Non…
— Non…
— Non…
— Non…
— Non…
— Bon, tant pis, merci.
— De rien…
— De rien…
— De rien…

— De rien…
— De rien…
— De quoi ?
— Rien, pendant que tu pissais, c'est un con qui voulait que tu bouges ta camionnette.

Il est tellement gros dans sa boucherie, on dirait que c'est lui la viande !

Dans les palaces tu peux coucher avec tes chaussures, mais t'es mieux sans pour dormir.

Le ciel rougit quand le soleil se couche, il a qu'à pas regarder !

En avion, un chat pourrait faire trente mille kilomètres pour retrouver ses maîtres.

Le dimanche, les pigeons marchent au milieu de la route.

Pour jouer du piano il faut un grand appartement au rez-de-chaussée, tu le rentres sur les roulettes.

Tu penses bien qu'ils ne réfléchissent pas à chaque ligne, sinon ils mettraient dix ans à écrire un bouquin !

C'est vraiment très fonctionnel comme meuble pour ranger le saucisson et le pâté.

Tu feras pas fortune en élevant des chèvres, ça donne quoi ? Un peu de lait, et quatre pattes pour faire des manches de tire-bouchons, pas plus…

Les poteaux en bois souffrent beaucoup l'hiver.

C'est beau la neige, ça fait comme un drap blanc qu'on marcherait dessus avec les chaussures, pour une fois.

L'haltérophile arrive, il soulève le poids, il le repose, il a fini sa journée. Dix secondes de boulot ! Là, on est battus…

En ce moment, je lis rien, je garde pour plus tard… toi aussi ?… tu fais bien, sinon t'arrives à la retraite avec plus rien à lire.

Ils ont mis de la moquette dans l'escalier de l'immeuble, c'est pas pour ça que je vais rentrer plus tôt !

Le clown est mort mais le cirque continue. C'est quand le directeur du cirque est mort que le cirque s'arrête.

Ils ont plus le droit de faire de la publicité en disant que les voitures roulent vite, bientôt faudra dire que ça va plus vite à pied !

Les girafes souffrent une heure quand elles avalent trop chaud !

J'ai de la moquette partout chez moi, elle est très claire.

— Oh ! la, la !
— Elle est sale.
— Oh ! la, la !
— Pour nettoyer ça…
— Oh ! la, la !

L'actualité passe plus vite en 1988 qu'en 1234, on le voit bien.

Au Brésil ils ont plus que des pédés, ils arrivent même pas à faire une équipe de foot !

Du moment que dans le car je suis pas assise sur la roue, je peux faire le tour du monde, je m'en fiche.

Si quand je rentre, elle est partie avec la gosse, je me tue !

— Calme-toi, elle sera là à t'attendre.

— Ah… si elle est là, alors je redescends. Tu m'attends ?

Elle sent la frite ta rose, si c'est avec ça que tu comptes pas te faire engueuler !

Quand Hitler allait voir sa maman, elle lui ouvrait pas, alors il faisait enfoncer la porte.

L'homme pue des pieds pour marquer son territoire, c'est un vestige de l'ancien temps.

La neige tombait, elle avait tout recouvert, on a frappé, j'ai ouvert, c'était Dieu qui voulait de la soupe !

— Ah ! oui… et alors ?

Trop de vagues à l'âme, tu vas te faire une tempête, méfie-toi.

Une femme qui abandonne son enfant la nuit de Noël, tout ce qu'elle mérite, c'est un réveillon foireux !

À minuit juste on s'est tous embrassés pour la nouvelle année, à minuit et demi tout le monde s'engueulait !

C'est vicelard les maladies vénériennes de se loger juste sur les vénères.

Les écrivains qui travaillent beaucoup ont pas le temps de lire, c'est idiot, non ?

— Tant que leurs lecteurs se mettent pas à écrire…

De toute façon quand tu es écrivain, tu ne lis pas le livre des autres. Un boucher va pas acheter sa viande en face !

Ça va pas fort, on dirait ?

— Tu ferais mieux de regarder ta gueule en bois que ma gueule en paille !… ah mais !…

Il pleuvrait de la merde, on apprendrait vite à passer entre les gouttes !

Au cinéma je m'endors tout le temps, c'est pas ma faute, ils éteignent la lumière électrique.

C'est propre ou c'est sale de pisser dans un sous-marin ?

— T'as de ces questions !

— Réponds !
— Oh ! Doucement la Gestapo !

Elles sont dénoyautées, tes olives ?
— J'en sais rien, t'as qu'à demander l'autopsie !

Brrrrrrr, j'arrive pas à me réchauffer ce matin. Le soleil s'éteint dès qu'il me touche…

Je t'avertis, si tu recommences comme hier, je te veux plus ici ! Compris ?
— …
— Compris ?
— Mais oui, j'ai compris…
— Alors tu veux quoi ?
— Un pastis avec du vin blanc.

Une centrale nucléaire n'est pas plus dangereuse qu'un marteau, si tu donnes un coup de marteau sur la tête à quelqu'un par exemple…

Si j'avais bien travaillé à l'école, à cette heure-là je serais au bistrot de la faculté, pas chez Clip et Clop !

Des vagues de dix mètres de haut, j'en avais jamais vu des aussi hautes ! Les chalutiers là-dessus se baladaient comme des chips dans une machine à laver ! C'est là que je me suis enrhumé… putain de rhume…

Pendant la guerre le jambon triple, quadruple de prix… les cochons passent à « Sacrée Soirée » !

J'en ai entendu des conneries sur terre, mais celle-là elle dépasse tout !

— Qu'est-ce que j'ai dit ?

— La laitue, la reine des salades, ben merde !

— J'ai dit ça, moi ?!

Le LSD donne des hallucinations, des castors en vélo, des conneries de jeunes…

Il est tout le temps comme ça ?

— Non, que le soir.

C'est courageux de sa part d'arrêter de boire à 80 ans…

— Moi je le comprends pas.

Le sel en lui-même est trop salé, on doit le mélanger pour qu'il le soit moins. C'est con d'être trop salé quand on est tout seul…

On fait pas toujours ce qu'on veut dans la vie, la preuve, je voulais être boucher, je suis charcutier ! Si ça c'est pas la preuve…

Boire est un verbe du troisième groupe, rentrer est un verbe du premier groupe…

— Moi je suis du troisième groupe !

— Mais attention ! Vomir est du deuxième groupe !

— C'est vraiment un groupe pourri celui-là ! Et pinard, c'est quoi comme groupe ?

— Tu n'as vraiment rien compris, mon pauvre Albert !

L'Antarctique ne fait plus rêver, on dirait une énorme pub pour des cabinets propres !

Je dors tout le temps à poil, été comme hiver, quand je rentre le soir, j'arrive jamais à mettre mon pyjama, été comme hiver !

Plaie d'argent n'est pas mortelle, mais plus ça s'infecte et moins on te fait de crédit ! C'est comme ça, on ne prête pas de sous aux oiseaux blessés… Ça te fait rire, toi ?! Tu veux ma main dans la gueule !

Avant l'invention du calendrier, les éboueurs passaient n'importe quand pour les étrennes !

J'ai été trésorier du club de pétanque pendant cinq ans, j'estime que j'ai droit à un peu de repos mérité…

Encore un Boeing qui s'écrase, on va se faire moquer par les oiseaux !
— Les oiseaux, c'est des cons !

Pousse-toi, tu prends tout le comptoir !

C'est pas moi qui remplacerais Hirohito, on est trop mal assis dans ces pays-là.

Quitte à avoir un gros tremblement de terre, autant que ce soit en Arménie où ils n'ont rien, qu'à Limoges avec toute la porcelaine…

C'est pas de la méchanceté, c'est de la jugeote.

Pasteur a pas inventé le camembert, abruti, mais il a aidé à comprendre ce qui se passe dedans… qu'il est con !

Le pont de l'île de Ré a tout gâché, c'est un pied-bot sur un goéland, voyez-vous…

En 1992, le jour où ils vont ouvrir les frontières, moi je sors pas de chez moi !

Moi, ma femme prend toujours la même lessive, c'est une habitude, au fond.

Pour faire des grenouilles râpées, alors là c'est du sport !

Avec des « si » on mettrait Paris en bouteille et avec des « seaux » on le boirait !

Au départ de Paris c'est bien leur course, mais plus tu t'éloignes et plus tu t'approches de Dakar moins ça intéresse les gens, c'est normal, tu parles que des mecs qui font de la moto au milieu des négros, on s'en fout !

Les oiseaux de proie, c'est pas les oiseaux en bois où les autres cons de soldats sont cachés dedans pour entrer dans la ville ?

Si t'écris « merde », t'as un tempérament malpoli alors que si tu écris « bonjour », il est poli, la graphologie c'est tout con !

Je veux pas crever tout seul !
— T'avais qu'à faire des gosses !
— C'est tout ce que tu trouves à me dire !
— Des garçons, les filles c'est emmerdes et compagnie...

Une femme enceinte qui se baigne, ça noie pas le bébé ? C'est vrai ? Mais comment c'est possible ça ! Une heure sous l'eau !

🍷

Ils commencent à nous fatiguer les oreilles avec leur Révolution française ! C'est encore un prétexte pour faire des coquetèles !

Ils dépensent de l'argent à foutre par les fenêtres pour leur bicentenaire, alors que nous, on peut même pas décapiter une crevette à je sais pas combien les cent grammes !

Le saut à skis, si tu tombes sur la tête c'est du saut à bonnet !

J'ai jamais vu une mouche dans ce bistrot !
— Je les sers pas...

On a amené le gosse voir les clowns, il arrêtait pas de pleurer, mais pleurer ! J'avais honte devant les clowns.

Y a pas plus fidèle que ces chiens-là, c'est une vraie galère pour les abandonner !

T'as pas de poisson sans arêtes, à part la moule.

Aujourd'hui c'est plus possible d'être Robinson Crusoé, Vendredi dirait que l'île est à lui !

Si t'encules un canard, après il te suit partout.
— Pas chez les commerçants tout de même !

Si en passant à l'horaire d'hiver on gagne une heure de sommeil, pourquoi on le fait pas tous les jours ?

De quel droit ?
— Du droit que je suis patron !
— Si tu me vires, faut me donner mes calvas d'indemnités.

Tic… Tac… Tic… Tac… Tic… Tac… Tic…

C'est calme aujourd'hui…
— … mouais…

On s'occupe de vous ?

— Non, on m'a oublié.

Si ils veulent te faire souffler dans le ballon, tu les emmerdes, tu le fais pas !
— Oui, papa.

On va la faire opérer des végétations.
— Pourquoi tu dépenses des sous, tu fous le feu !

Toutes ces histoires de désarmement, ça cache quelque chose…
— Quoi ?
— …
— Quoi ?
— Oh ! Tu peux chercher toi aussi !

Je rêve d'un monde où toutes les femmes seraient à poil, mais pas l'hiver quand même…

Les esquimaux t'offrent leur femme, si, si, si tu veux tu peux coucher avec, mais seulement faut aller jusqu'à là-bas.

T'embrasses une grenouille, elle se transforme en princesse et tu lui arraches les cuisses, y a vachement plus à bouffer !

Cinquante fois par jour ils chantent la même chanson à la radio.
— C'est des disques.
— Oui, mais y faut bien chanter sur les disques !

Un roi mage qui marche dans la merde, il a beau avoir des beaux cadeaux, je le laisse pas entrer avec ses chaussures.

Je peux m'endormir n'importe où… tu veux voir ?

Qui dort dîne, et qui pisse au lit boit !

L'homme tue pas pour manger, mais pour le plaisir de la bouffe !

J'ai jamais cru en Dieu mais là je suis quand même passé à deux centimètres du poteau !

Si à dix heures j'ai toujours pas compris, j'éteins le poste !

Y paraît qu'il gueulait, qu'il gueulait qu'on soit partis à cinq heures au lieu de six heures, quel con ! Moi en plus, je suis parti à trois heures…

Plus je bois et moins je suis bourré, ça te fait pas ça à toi ?

— Je sais pas… peut-être…

Tu sais la dernière qui m'arrive ? hier je suis rentré avec deux manteaux !

Un petit ou un grand ?
— Les deux.

Le rat est plus intelligent que l'homme… pas le rat des champs, c'est un con, mais le rat de Paris…

C'est con les gosses, mais c'est con ! On voit bien que ça sort des couilles !

Un cochon c'est omnivore, ça veut dire que tu peux tout manger dedans.

Il faut croire dans la vie pour réussir ! Qui c'est qui t'aurait dit quand t'es né que tu tiendrais un bar ?!
— Oui, mais je fais pas encore tabac, c'est pas gagné…

L'hiver les pinces à linge ne sont plus sur les fils.

Un ver gros comme ça.
— Comme ça ?!
— Oui, comme ça.

— C’est énorme pour un ver.
— Pas en Bourgogne…

Un nuage tout vert comme une salade…

Les vers discutent pas, par rapport aux grillons si tu veux…

Y a plein de bossus : tu tires sur la poignée, c’est des parachutistes.

L’hiver, le pain est tout mou, pourquoi ? je sais pas, en tous les cas c’est comme ça…

Le frigo apprivoise la glace, ça fait des glaçons !

J’ai le vague souvenir que tout petit j’ai marché sur une fraise.

J’ai rêvé de rien.

On s’en fout de la Lune !

Le dégadézo ?
— Oui, contre le dégadézo et le vol !

Tu verras quand tu auras mon âge, si tu seras pas raciste !

— Alors là ça m'étonnerait !

— Tu verras je te dis, tu verras…

C'est facile de tuer quelqu'un, ce qui est difficile, c'est le corps qui reste…

On dit médaille chez nous, monsieur, pas décoration !

Hein ?

— Hein quoi ?

On va dehors ?

Y a un mois on tuait les gens qui passaient le Mur, aujourd'hui on leur offre trois cents francs de bienvenue, tu m'expliqueras…

Si je gagnais à la Roue de la Fortune, après pour moi… bien…

Même un enculage de fourmi ça vaut le coup, si c'est ça qui t'intéresse…

Karl Marx a jamais planté un clou !

Le dégadézo ?

La seiche a qu'un os, quand elle se le casse, elle est dans le plâtre jusque-là !

Pour-pour-pour-pour-pour…
— Pourquoi je me moque de ta gueule ?

Je lui ai rien dit, il a cru que je me foutais de sa gueule, la suite tu connais…

C'est dommage qu'il n'y ait pas de Galaxy à Montgeron…

Les marchands de jouets ont lancé leur opération charme, vous avez vu les publicités ?
— Où ?
— Partout !
— Leur opération quoi ?

Je voulais être pilote d'essai, mais je suis nul en maths…

Sans les maths, on peut rien foutre…

J'ai refusé catégoriquement d'ouvrir les huîtres !

Il fait nuit… déjà…

Ils ont décoré le sapin devant la mairie.
— J'ai vu, la guirlande est déjà cassée.

J'ai pas encore acheté mes cadeaux, ça ferme à quelle heure les magasins de jouets ?

Il a été sage ?
— Il a pas bougé.
— Encore merci, je voulais pas qu'il voie son cadeau dans la boutique, il croit encore au Père Noël.
— C'est normal à son âge.
— Bon… tu finis ta grenadine – un porto s'il vous plaît – et on va chercher les huîtres avec mamie…

Ça me fout le cafard leurs loupiotes qui clignotent…

Pourquoi tu l'allumes pas ton petit sapin ?
— Ça me fait sauter les flippers.

C'est pas très original le boudin blanc…

Et la neige, elle est encore dans l'œuf, la neige !

On se croirait dans un rêve quand tous les arbres sont allumés rue Paul-Vaillant-Couturier.

C'est facile d'inviter un pauvre à manger, ce qui est plus difficile c'est de le foutre dehors.

Le coucou en bois sort plus, mais heureusement les aiguilles tournent sans s'occuper…

C'est où la Roumanie ?
— En Russie.
— Ah, c'est pour ça que ça chie, ça chie pas mal là-bas…

Ils ont tout de suite fusillé Ceauşescu parce que pour couper la tête il aurait fallu qu'on envoie la guillotine.

C'est peut-être leur plus beau réveillon à l'Est, en attendant nous on s'est bien fait chier !

Il était saoul, il voulait envoyer du pâté en Roumanie…

C'est bien comme cadeau une alarme.
— Et c'est utile…

Il voulait un ordinateur, eh ben il l'a pas eu.

Un livre de photos du commandant Cousteau.

— C'est cher ça !
— Il a dû voler de l'argent à sa mère pour me l'acheter.

Il est passé bien vite ce Noël, vous ne trouvez pas ?
— Évidemment, ils ont mis le réveillon un dimanche !

À partir de demain, je mets ma casquette à rabats… voilà…

Jamais je n'ai mangé une bûche au beurre aussi bonne !
— Avec des petits bonshommes dessus ?
— Bien sûr, mais je vous parle du goût !
— C'est important que ce soit joli aussi, les bûcherons en plastique…
— En sucre !

T'as des projets pour l'année prochaine ?
— Non…
— Comme moi…

Toujours les mêmes !
— Si c'était pas toujours les mêmes, y aurait personne !

Si je devais emporter un livre sur une île déserte, je prendrais le livre que j'ai chez moi.

Le robinet gouttait, ça faisait cloc, cloc, cloc, pas moyen de s'endormir, y a que les stalactites qui dorment avec l'eau qui goutte !

Vous n'oublierez pas votre gruyère râpé !

Bois pas si vite, dans dix minutes t'es bourré à cette allure-là !

— Qu'est-ce que tu veux que je fasse, que je mâche ?!

Tous mes vœux !

— Bonne année, monsieur Pingouin…

Si partout, partout on voyait des femmes à poil, je sais pas si au bout d'un moment on s'en foutrait… ça je sais pas…

La marée noire chez les Arabes, au fond c'est César qui rend ses merdes à César…

Il paraît que les Roumains mangeaient des bébés…

Tu me passes l'eau, elle est trop loin et j'ai oublié ma trompe.

Quand je suis arrivé ici tout à l'heure, j'étais tout seul…

Giono, ça me donne envie de manger des rillettes…

Tu penses à mes sous…

Le gosse a versé l'eau des huîtres dans l'aquarium, on a rigolé, mais on a rigolé, sauf que après avec le vinaigre d'échalote c'est les cousins qui ont pas ri.

Et merde, sur le reçu j'ai mis 1989 !
— C'est pas grave, tout le monde fait ça…

Un âne ?! Où ça un âne ?!
— La carte postale, là.

Si la banane avait des petits bras, la peau de banane aurait des manches !

Rends-toi compte qu'à l'Est, Marchais serait emprisonné pour stalinisme, c'est quand même pas banal !

Ça suffit, toi ! Ça suffit comme ça ! Je te préviens que tu vas pas me faire chier cette année comme tu m'as fait chier l'année dernière !

Combien de siècles encore avant 2034 ?

Si vraiment on manque d'ivoire, on n'a qu'à élever les éléphants en batterie ! Si ça se trouve, y se mettraient à pondre des œufs, ces cons-là !

Jamais j'ai été opéré, je suis entier.
— Et la main ?
— Ça c'est rien, c'est le travail.

Impossible de trouver un taxi quand il pleut, à croire que ça les fait fondre !

T'as vu ça, les bédouins qui braquent les mecs du Paris-Dakar ?
— Alors là, je leur donne raison ! Déjà moi, deux mobs qui passent sous ma fenêtre j'ai envie de tirer !

Si tu fais picoler une araignée et qu'elle a un delirium, elle voit des araignées et c'est pas ça qui va la faire arrêter de boire !

On peut gagner des poupées ou des conneries, mais même si tu casses les dix pipes, t'as pas la bouteille de mousseux, c'est interdit à cause des bagarres…
— À la fête, de toute façon plus personne y va…

Le temps, c'est la pile qui fait tout bouger, c'est tout et puis c'est tout…

Si j'étais riche, l'hiver j'irais dans les pays chauds et l'été j'irais dans les pays froids, comme ça je serais enrhumé que l'été.

Je suis pas beau mais au moins, c'est moi.

Chaque poulet a son signe particulier, soit il cuit bien, soit il cuit pas bien…

Tiens, c'est marrant que tu sois là, justement je pensais à toi hier.

— De quel droit ?

J'ai mal à la tête, ça prouve que je suis pas alcoolique.

Un chirurgien peut pas tellement faire l'abruti, par rapport à un autre boulot…

Dans le bon munster t'as plein d'asticots, si y en a pas il est bon à jeter.

On peut faire de l'alcool avec tout, et d'ailleurs c'est ce qu'on fait…

Le dernier et après on y va…
— Un milliard, de fois que j'ai entendu ça !
— Sans déconner, je te jure, le dernier.
— Un milliard, un !

Avec ta machine à remonter le temps, t'arrives dans mille ans et c'est sûr que tu peux pas la garer, tu tournes dans le temps pendant des heures.
— Si c'est dans le temps à Montrouge, ça c'est sûr !

Ils ont passé une connerie sur la sorcellerie à la télé, t'aurais vu, ils coupent des têtes de poulets pour gagner au Loto !
— Et ils gagnent ?
— Ils disent que oui !
— Combien ?

Tu parles que Arsène Lupin de nos jours se ferait tout de suite repérer par les flics, avec sa cape et son chapeau.

Tu paries que si la neige était noire les gens feraient moins de ski ?

On n'a pas de neige cette année parce que la terre se réchauffe petit à petit…

— Tant pis, on en aura plus l'année prochaine.

C'est parce que ça chauffe à l'Est qu'on n'a pas d'hiver !

Finalement, le mur de Berlin ça va faire presque rien comme gravats…

Je sais pas qui c'est qui filme les procès des assistants de Ceauşescu, mais c'est bien chiant !
— Ça vaut pas les trucs américains.

C'est notre intérêt d'aider les pays sous-développés, au moins quand on ira en vacances là-bas, on bouffera pas de la merde !
— Et en plus on sera leurs dieux.
— Ça encore, on s'en fout, on n'a pas besoin de les aider pour ça.

Ils nous ont fait des escargots à volonté, c'est génial comme restau !
— Ouais, mais vous êtes de la police aussi.
— Peut-être, mais même si c'est pas à volonté, c'est très bon.

Un sandwich jambon, s'il vous plaît…
— Excusez, mais je n'ai plus de pain.

— Ah… alors assiette…
— D'accord, mais je vous préviens, l'assiette, ça a pas le même goût ! Ha, ha !

Le charcutier a changé la peau de son boudin, j'en suis sûr, il éclate de partout, même en piquant bien, je dis bien même en le piquant bien !

La musique classique, c'est de la vieille musique moderne, pas plus que ça…

Finalement, tous les Indiens ont été tués pour leurs plumes…

Il ronfle à sept ans !

Au réveillon de l'an 2000, moi je m'en fous, je fais pas la bise, j'aime pas ça…

Cyrano d'où exactement ?
— De Bergerac.
— Bergerac même ?

Mozart, à soixante-dix ans il aurait dansé sur *Les Roses blanches* comme tous les vieux.

Moi monsieur, j'ai fait quatre gosses ! quatre ! Hips ! Mais Mozart ?! Hein, votre Mozart ? qu'est-ce qu'il a apporté à l'humanité ?! Dites-moi ! non mais dites-moi !...

Napoléon combien ?

— Premier ! De toute façon c'est pas dur, t'en as que trois des Napoléon.

On a vendu tellement d'armes à l'Irak qu'y fallait s'attendre à ce qu'ils s'en servent ! Tu paies un coup moi je le bois, eh ben c'est pareil !

Maintenant c'est deux fois par semaine, le Loto.

— Ben, comme la douche...

Ils nous les renvoient sur la gueule par petits bouts...

Une seule fois je suis passé à Roubaix.

— Dans la rue principale ?

— Même pas !

C'est simple, il est toujours, toujours de bonne humeur !

— Jamais de mauvaise humeur.

— Oui, oui, toujours de bonne humeur !

— Jamais de mauvaise humeur.

— Toujours de bonne humeur !

— C'est ce que je dis ! Jamais de mauvaise humeur !!!

Si c'est la guerre, qu'est-ce qu'on a à perdre, nous autres ?! Toi ton café… et moi cinq minutes pour aller dans un autre café !

Si les hommes politiques étaient honnêtes, ils feraient tous comme Médecin, ils s'enfuiraient à l'étranger ! Tous !

Ce décapsuleur-là, c'est la Roll's des décapsuleurs !

Moi j'en sais rien, je pose des questions, c'est tout…

En attendant, un concert en plein air, si jamais y pleut…

Oui, je suis d'accord, de toute façon je suis toujours d'accord en général presque…

Il a mis au moins cinq verrous sur sa porte, tous plus compliqués les uns que les autres, les cambrioleurs ça les gêne pas mais lui, un soir sur deux faut que je monte lui ouvrir tellement il a ses clefs qu'ont bu !

Elle a noyé son bébé en accouchant sous l'eau pour faire moderne ! Moderne ! Accoucher ça a jamais été moderne !

Mais accoucher sous l'eau, c'est des coups à se remplir…

En tout y avait quarante-cinq cuisses de grenouilles, va comprendre, toi…

Le commandant Cousteau a-t-il été sergent ? Le sergent Cousteau ?

Wenders a toujours…
— Roger Pierre et Jean-Marc Thibault…
— Viens, on va s'asseoir… donc Wenders…
— Je suis trop con moi peut-être ?!

Tu plies tes habits toi, le soir avant de te coucher ?
— Alors ça, mon pote, je crois pas…

Je vois pas la différence entre assis sur une chaise et assis sur un tabouret, si tu t'appuies pas au dossier, hein, si tu t'appuies pas, hein ! T'achètes des tabourets et tu t'appuies pas si t'es pas riche, ça fait pareil que des chaises très chères avec interdiction de s'appuyer, hein, c'est comme un lit en plumes ou un lit en bois, si tu te couches pas c'est pareil, hein, ou une armoire à glace et une armoire pas à glace, si tu regardes ailleurs c'est pareil les deux, hein, hein ? Si tu le veux pas, ton kir, moi je le bois si tu veux, hein ? Hein ?

Il a tordu la clef au quatrième alors qu'il habite au cinquième…

Je suis bien peinard moi ! J'ai pas de patron ! J'ai pas de boulot…

Ah mais je me plains pas !

Rillettes ?
— Oui, on l'appelle Rillettes parce que quand il rit, il pète…
— Ah c'est pour ça ! Je comprenais pas !

Il n'y a pas de sot-vignon, il n'y a que de sottes gens… hi… hihi… moi en tout cas ça me fait rire… hi.

Il arrose la naissance de son gosse !
— Et alors ?

— Alors ? Ça fait deux ans qu'il est né son gosse !

— Il arrose peut-être les deux ans de son gosse ?

— Ça s'arrose pas, ça !

Il suffit qu'au restaurant je sois coincée sur une banquette pour que j'aie envie d'aller aux toilettes.

— Moi j'y vais avant.

— Moi aussi bien sûr, mais quand même j'ai envie d'aller, c'est une sorte de réflexe non réfléchi.

— Peut-être…

Il a pris l'avion hier ?

— Et il est arrivé ?!

— Oui.

On l'a appelée Martine, c'est pas joli mais on n'avait pas d'autre idée…

Si c'est joli Martine ! C'est joli comme une tartine !

Avant de faire la réforme de l'orthographe, feraient mieux de faire la réforme de l'histoire, on apprend au moins deux cents ans qui servent à rien !

Plus vite la guerre commence, plus vite elle est finie…

Moi j'en veux pas de guerre…
— Toi t'auras ce qu'y aura !

Au moins, la guerre, ça va nous changer un peu…

Il faut prendre à ceux qui ont pour donner à ceux qui ont rien.
— T'es bourré ou quoi ?
— Un peu.

Quand les filles sont attachées dans les films, on n'y croit jamais.

Les Chinois ont envoyé un journaliste dans une fusée, il va nous ramener des photos par satellite de Stéphanie de Monaco !
— Beuh !

Quand la neige est là il veut pas marcher dessus pour pas salir et quand elle est plus là il regrette ! Alors mange ta glace avant que ça fonde !
— Oui Mamée…
— Une glace en hiver ! Enfin tant pis… si tu le dis pas à ta mère…

— Non Mamée…
— Mamée qui ?
— Mamée Benguigui…
— Il est mignon ce petit… SMACK SMACK SMACK ! Fais un gros bisou à Mamée !
— Smic.
— Plus fort !
— SmicK !
— Plus fort !
— SMICK !
— Ah ben me voilà pleine de glace sur le menton maintenant !
— Tu piques…
— Attention la glace… eh ben la voilà par terre !
— C'est pas moi…
— PAF !
— Oinnnnnnnnnnnnnnsnifoinnnnnnnnnnn…
— Allez pleure pas et fais la bise à Mamée Benguigui…
— Smic…
— Je l'adore cet enfant !

Je suis père de famille, j'ai trois filles.
— Avec trois filles, t'es mère de famille mon pote !

Objets inanimés, avez-vous donc un franc ?

Le gel, si au moins ça nous tuait les cons !

Avec la crise du pétrole, ça vaut plus le coup d'avoir un pétrolier…

Le journal d'Anne Franck, à notre époque dedans t'aurais le programme télé…

Quand on est ventriloque, on boit deux fois plus…

Il est mort aujourd'hui, je voulais que tu le saches…

— … je l'aimais bien ce pote…

— Moi aussi… et maintenant ?

— On boit un coup…

Je suis un homme du XXIe siècle, à la maison j'ai un broyeur à merde.

Pour se cacher c'est des insectes qui ont la forme des feuilles, et c'est tellement bien fait que du coup ils se mangent entre eux en croyant qu'ils sont vraiment des feuilles, les conneaux…

L'histoire ça m'intéresse pas, c'est du passé…

Tu mets la psychologie sur le bord de la fenêtre, quand les oiseaux ont bien picoré, t'es mûr pour la psychanalyse.

Les hommes font disparaître tous les animaux, après ils se mangent entre eux, et après c'est le silence.

Va boire ailleurs !

Pourquoi c'est obligatoirement de la dinde ?

L'ampoule bleue en haut du sapin elle marche pas…
— Elle a jamais marché, l'année dernière non plus…

Tout l'argent de ceux qui gagnent au Loto, on devrait le redistribuer à ceux qui ont jamais gagné !

La première fois, Noël ça a été une idée de pharaons, alors t'imagines les fêtes que c'était à l'époque !
— Les pyramides pleines de boules…

Les goûts et les couleurs sont dans la nature, en ville t'as rien !

De Gaulle, lui, y savait parler aux mousses !
— Aux masses !
— Aux foules…
— Aux mousses oui ! De Gaulle !

Là t'as la rue du Port, parce que sans doute avant dans le bras de l'Yonne t'avais un port, et celle d'après c'est Jean-Moulin, sans doute y avait un moulin.

Il n'y a pas de guerre propre, monsieur, la guerre est une monstruosité, il ne faut pas en parler à la légère, monsieur, moi je l'ai faite la guerre, monsieur, eh bien ça n'est pas beau à regarder… J'ai été blessé trois fois, trois fois j'ai survécu…
— Si c'était pour venir nous casser les burnes, c'était pas la peine !

Petit têtard de sous-merde !
— S'il vous plaît, monsieur, on n'insulte pas mes vieux clients… et toi, François, on n'agresse pas les gaullistes chez moi !
— Putain ! mais j'ai été blessé moi aussi, en Algérie ! Je suis pas résistant, j'avais trois ans en quarante, j'emmerde pas le monde, n'empêche que sans son connard de de Gaulle…

Ah ! bravo ! il est parti !…

— Te casse pas, il reviendra, il nous fait un petit exil diplomatique…

On est vachement à l'aise dans ces survêtements… et t'as vu ? il est large en bas pour bien faire circuler dans les mollets… souvent ça serre et du coup t'as mal… là vraiment… et y a des poches pour mettre les mains si on veut… bon… on se le fait ce tiercé ?

Je vois pas le rapport entre Jésus et les huîtres, moi…

Il veut un livre, ça s'appelle *Les Aventures de Blublu le caillou pointu*, où je vais aller acheter ça moi ?!

Un paquet de Tac O Tac cadeau, avec le ruban là… oui… celui-là… un perdant vu que c'est pour offrir !

Elle voulait pas goûter le boudin, je l'ai forcée comme ça au moins elle connaît, c'est aussi important que les mathématiques !

Au réveillon, les mathématiques, ça sert jamais !

Dans la vie y a pas de trucs importants et de trucs pas importants, y a des trucs et c'est tout…

Un éléphant c'est pas plus important qu'un sucre ! Si t'es devant ton café et y a pas de sucre…
— C'est sûr, l'éléphant tu t'en fous !
— C'est ça la vie… et à l'envers, si t'as envie de monter sur un éléphant et on t'amène un sucre…
— C'est du vol.

Un petit blanc s'te plaît ! J'ai le temps, ils sont en train de regarder la messe à la télé.

Moi la messe j'aimais quand c'était du latin, maintenant en français, on dirait Bébert qui fait le con, pas vrai Bébert ?!

AVE AMEN AVE JESUS BONJOUR !

Il est con ce Bébert…

MOI JE BOIS DU VIN ET TOI TU MANGES L'HOSTIE JESUS MERCI AMEN !

Il est con…

Si au moins les clowns disaient des choses éducatives, oui, mais souvent ce ne sont que des niaiseries, alors il n'ira pas aux clowns tant que je serai vivante…

On l'attaque la fin de l'année, là, on n'a jamais été aussi près…

Il a trouvé une bouteille de champagne dans son escalier mais elle était vide…

— Il raconte mal.

Tu dépenses mille balles en jouets, les mômes y jouent une fois avec et c'est tout ! Des fois avec des boîtes de conserves y s'amusent plus !

— Mille balles de conserves, ça fait chier aussi…

Avec deux pots de yaourts et une ficelle on faisait un téléphone… maintenant en plus tu mets pas la ficelle, ça fait un téléphone sans fil !

Tu fous une turbine sur les désespérés, l'énergie du désespoir te fournit en électricité !

J'ai jamais eu d'amis…

Toute la vie on se retient, à force ça fait un lac de retenues, alors quand le barrage cède…

C'est les derniers apéritifs de l'année… on en aura fait des conneries cette année !

— Oui ben, vous vantez pas, tous les trois !

— On se vante pas, c'est des souvenirs…

Elle aura été longue cette année, avec la pendule qui retarde…

Et quand il a mis le capuchon du stylo dans le bocal des cornichons ! Les conneries tout de même…

— Ça a pas marché…

J'ai presque rien dépensé cette année, tout le monde m'a payé des coups…

— Quel cynique celui-là…

J'ai acheté un disque de valses pieds-noirs…

— Fais voir !…

— Ça va lui plaire à lui, et en plus je savais pas quoi prendre alors…

— C'est des valses de Vienne…

— Ah bon ??? Je me suis gouré ?

— Tu cherchais quoi ?

— Rien, mais comme il est du Sud… ça ira quand même…

— Mais oui, te casse pas la tête !

En général ils sont tous pareils, les disques.

Dans les sillons t'as le son.
— Mais oui, je sais !
— Et entre les sillons ?
— Je sais pas moi, de l'antimatière... je sais pas...

Il s'est plus passé de choses en UNE année que depuis le début... des événements, des événements comme y disent, et encore des événements...
— Et c'est pas fini...

C'est trop de choses, les historiens vont en oublier la moitié !

Il pleut.
— Il a déjà plu hier !
— Alors il repleut.

Il a volé une boîte de crabe, faut que j'aille le chercher au commissariat !

J'ai rêvé qu'on avait des roues à la place des bras.
— Tu devais être dans une mauvaise position.

Une année qui finit… une autre qui commence… c’est pas vrai ce que je dis ?!!!

— Mais si René, mais si…

J’avais un trou dans la poche et j’ai perdu mes clefs dans le ruisseau…

— En général les poches, faut pas s’y fier.

Il va être beau pour le réveillon le René…

Tu peins pas un plafond comme tu peins une porte, c’est deux mondes différents…

Si tu bois du Ricard avant de manger, Bocuse te fout dehors de son restaurant ! Pas cinquante ! UN ! À cause du goût que ça donne à la langue.

Les Russes ont faim, les Américains bouffent trop, nous en France c’est tempéré, on a les deux…

Ils ont pas faim, les Russes, c’est de la gourmandise.

À minuit, faut avancer sa montre d’une année…

Au moins la dernière c’était contre des nazis, là, contre des Arabes, ça s’arrange pas !

Si y a un seul mort, tu vas voir ta gueule, Mohamed !

À peine le tunnel sous la Manche est fini que c'est la guerre !

— Ça servira d'abri…

Si c'est la guerre, après, à la fin, t'auras mille films, un million de livres, des pièces de théâtre, des vieux casques aux Puces, ça va en rapporter du pognon !

T'es au chômage, alors tu t'engages dans l'armée parce que y a pas de boulot, et là on t'envoie défendre des milliardaires qui sont attaqués par d'autres chômeurs qui sont entrés dans l'armée parce qu'ils ont pas de sous !

— Dit comme ça…

— Moi je m'en sers, de ma tête ! Je suis pas le patron pour rien…

Tu vas voir comment le prix de l'essence y va monter !

— Moi ça va rien changer, j'en prends toujours pour 100 balles.

À l'école ils leur font faire des dessins sur la paix, des fleurs, des colombes, des conneries.

— C’est parce que ça fait pas des copies à corriger, tout ça ! On paye les profs pour faire dessiner des piafs maintenant ! Ah je te jure on la mérite, la guerre, on la mérite !

On dit toujours que la guerre, ça va être chez les autres, et un jour ça arrive et c’est vrai, c’est chez les autres.

C’est joli, le soleil d’hiver… comme une petite pomme dans le frigo…

C’est quoi pour les Vierges, moi je suis Vierge ?…
— « Vierge : Vous allez déborder de bonne humeur et de joie. Beaucoup de visites, de monde au programme de cette journée, mais le grand ciel bleu n’est pas totalement revenu. »
— C’est vrai, j’ai encore mon rhume.

Si c’est la guerre, on va manger les animaux du zoo plutôt que les rats.
— L’éléphant c’est trop dur.
— On le fera cuire au vin, avec mille litres tu fais un éléphant au vin !

PUTAIN C’EST LA GUERRE !

La quoi ?!

— La guerre !
— Non ?!
— Si ! Cette nuit !
— Et ce matin ?
— Quoi ce matin ? Ce matin ça continue !
— Non ?!

Ça y est, les Américains ont attaqué avec les avions !
— Évidemment, y vont pas attaquer en mobylette, crâne de Schtroumpf !

Ils ont envoyé des missiles qui volent par terre, personne regarde à cet endroit-là…
— C'est des missiles avec des roulettes…

Ça va être une guerre éclair, mais on sait pas le parfum.

Toutes les guirlandes qui restent sur l'avenue, BONNES FÊTES, on a qu'à enlever les ampoules FÊTES et on met GUERRE…
— T'as un drôle d'humour, toi…

Si j'ai pas mon calva je fais tout sauter, moi !

Mitterrand est sur le pied de guerre ; l'autre pied il est sur le coussin à cause de la goutte !

En Suisse, si ça bombarde trop longtemps, dans chaque abri t'as quelqu'un qui est payé pour sortir arroser les plantes.

Voilà où ça nous a menés la gentillesse !

Dans des déserts comme ça, Cousteau y sèche en dix minutes !

Depuis le début il y a eu plus de morts à cause des scorpions qu'à cause des avions, comme quoi… les aviateurs feraient mieux de piloter des scorpions !

Tu vas chier dans les dunes, tu marches sur un scorpion, ça y est, tu meurs avant d'avoir chié…
— C'est pas une mort tellement facile à dire à la famille.

Vous devez le connaître, ce monsieur, il vient le matin et il se met là…
— … ici ?
— Oui, là… c'est un charcutier qui ne parle jamais charcuterie, d'ailleurs…
— Ah peut-être, j'ai dû le voir une fois ou deux, mais c'est vrai maintenant que vous le dites, il ne parle jamais charcuterie…

— Pour un charcutier…

— Oui…

— Remarquez on va pas le forcer, non plus !

— Non, mais il en parlerait une fois de temps en temps, on se fâcherait pas.

— Il paraît, mais je dis il paraît, que c'est un ancien Juif…

— Ah bon ?!

Le plus vieil homme sur terre, c'est un Chinois.

— Et le plus jeune ?

— Le plus jeune homme sur terre ? Un Chinois aussi.

Le ministre de la Guerre qui démissionne parce que c'est la guerre, on aura tout vu ! Quand on est le ministre de la crotte on se déballonne pas quand c'est l'heure de faire caca !

Désertion = pendaison !

Faut pas lui parler, il a mis sa tête chimique ce matin…

Des conneries il en dit tout le temps, tout le temps, même sous la torture il continuerait à en dire… je l'aime bien.

Et ça bombarde, et ça bombarde ! Une guerre chirurgicale qu'y disaient ! T'as vu les B 52 ! C'est des putains de bistouris ça ! C'est comme enlever une verrue avec une pelleteuse !

La guerre devait durer deux jours, elle va durer deux mille ans !
— Faut toujours que t'en rajoutes, toi.
— Alors mille ans.
— …
— Au moins !

J'adore le théâtre, même si ça me plaît pas…

Tu sais écrire à la machine ?
— Moi ? Pff ! Déjà que je mange avec les doigts !

Une plume au cul, ça te fait pas la merde qui vole !

À force de chanter en play-back, ils vont avoir un nid de coucous sous la langue, ces chanteurs-là !

Même le plus fort lanceur de couteaux a pas le droit d'en avoir sur lui, c'est interdit !

Un lanceur de couteaux, dans un petit ascenseur il est baisé…

Je sais plus où je voulais en venir…

Moi, la semaine prochaine je bois pas de vin à table…

Sur une enclume t'as que du muscle !

Tu peux redire ?
— Non.

Chez nous on a eu vingt centimètres de neige, c'était blanc, blanc, blanc comme le cul de la crémière !

Une énorme femme avec des fenêtres et une cheminée, personne interdit d'habiter dedans…

Tout ce qui commence par « K » on s'en fout, les Kurdes comme les autres…
— Oui, si tu veux… les Kurdes et les kangourous…
— Les kangourous, les kiwis… quoi d'autre ?
— On s'en fout ! Patron, deux quirs enkore !

Pour faire un lait-fraise, finalement, il faut une vache et une fraise…

On a bouffé tellement d'escargots que les coquilles elles bloquaient la porte !
— Beuh, beuh, beuh…

T'as combien d'angles dans ton café ?
— Je sais pas… personne me pose jamais la question…

C'est quoi un immigré, c'est un boulet de charbon dans une douzaine d'œufs ! Non ? J'ai pas raison ?

J'ai jamais vu un con pareil !
— Tu sais pas regarder.

Avant d'être fort comme un chêne, faut être con comme un gland.

Tu les verrais à poil, les culturistes, on dirait des postes à essence avec des tout petits tuyaux !

Tu mets les infos, ça commence par le foot. Comme si c'était le plus important ! Remarque, moi, il n'y a que ça qui m'intéresse.

Personne peut vivre sans morale, c'est normal, après tout on n'est que des animaux.

La petite délinquance, c'est quand un Schtroumpf attaque une fourmi derrière un champignon.

Les étudiants n'ont pas à manifester ! C'est comme si tout d'un coup les manifestants se mettaient à étudier. Non, chacun son truc.

L'hiver, ils avaient les grands manteaux en cuir noir, mais l'été ils portaient les shorts de la Gestapo.

C'est bien beau, l'invention de la machine à laver la vaisselle, mais les gens qui ont même pas de quoi la salir, ça les énerve. Faut pas inventer n'importe quoi n'importe quand.

Si j'avais pu choisir, j'aurais quand même voulu être moi, mais plein de fric.

Le premier bouquin que j'ai lu, c'était *Le club des Cinq en vacances*. D'un con ! Autant dire que ça a été le premier et le dernier.

Les virgules, les points-virgules, les accents, je mélange tout. Je m'en fous, à la télé y a pas de virgules.

La musique, c'est abstrait et je démordrai pas de ça !

— Désolé, mais si c'était abstrait, on comprendrait pas les paroles des chansons. Désolé pour toi.

On peut tout à fait vivre en harmonie avec la nature, surtout, surtout si c'est des vignes.

Hier, j'ai mangé du pain mou…

Le nuage il fait tout le tour de la terre, et s'il a pas plu, il gagne un autre tour !

Un brouillard ! Mais un brouillard ! On aurait roulé les fenêtres ouvertes, je te jure on se perdait dans la voiture !

Il est con, tu trouves pas ?

— Il porte une cervelle postiche, c'est pour ça.

L'homme se distingue en ce qu'il a la bite opposable aux autres doigts !

Tu me croiras si tu veux, on traverse le pré, on voit une bouse, on se penche, dessus y avait un bonbon à la menthe !

Y a des refuges en montagne, y pourraient en mettre quand c'est tout plat aussi, des fois t'as un de ces vents !

T'enlèves l'encre du stylo à encre et tu fous du yaourt, ça te fait un stylo à yaourt… pour le même prix…

Putain, ça caille !
— On sait…
— Moi je m'en fous, on passe à l'heure d'hiver, je passe à la banalité d'hiver…

Un mec comme Giscard, président pas président il est toujours habillé pareil… On se demande ce qu'ils ont dans la tronche, ces mecs… Il a pas qu'un habit, c'est pas possible !

Toutes les pièces de dix francs qu'ils retirent du marché, ils les donnent à leurs gosses…

Les coureurs cyclistes devraient reverser à une caisse quand on les paye et que c'est des descentes.

Ça nous rajeunit pas, Jules César.

Y jouent des symphonies avec rien que des tam-tams, les mecs, je sais pas si tu vois le niveau, et les femmes, elles ont le chapeau plein de mouches.

Le pouvoir ça use : au début Cresson c'était une femme Premier ministre, maintenant c'est plus qu'un Premier ministre…

Quinze ans pour apprendre l'anglais, t'auras plus vite fait de tuer tous les Anglais !

Avec leur changement d'horaire, je sais plus si je viens d'arriver ou si je suis là depuis longtemps…

Un déca et un calva.
— …?
— Oui, un déca et un calva… on n'a pas encore inventé le calva décalvaïsé, à ce que je sache, alors un déca-calva !

Faut toujours tout expliquer ici.

Si ça se trouve, les femmes voient pas les couleurs !

J'arrive à dormir les yeux ouverts, moi.
— Vas-y, fais voir !

Y avait un surdoué à « Sacrée Soirée ».

— Si c'est pour faire les mêmes émissions que Sim, c'est pas la peine d'être surdoué.

Un virus gros comme mon pouce !
— Et c'est quoi comme maladie ?
— Ils l'ont pas dit.

On avait fait des photos souvenirs, mais comme on les a perdues on se souvient de rien...

Non, pas de glaçon en hiver !
— C'est vrai qu'avec le temps...
— Faut réfléchir un peu, dans la vie !

T'as picolé hier ?
— Je me rappelle pas, je suis rentré bourré.

T'imagines si l'Algérie était française ? La France compterait 40 millions d'Arabes !
— On y vient...

Le Français doit être con, parce que sur vingt ministres, y en a qu'un qui s'occupe de la culture !

Les Serbes, les Croates ou je sais pas quoi, j'y comprends rien et en plus je m'en fous pas mal !
— On sait même pas ce qu'ils veulent.
— À bouffer, comme tous les nègres !

Au point où ça en est, autant dire carrément qu'il n'y a plus d'Est ! T'as le Nord, le Sud et l'Ouest… en plus ça suffit bien !

Le soleil se lève à l'est, mais ça peut changer.

Moi je dis jamais ce que je pense ! Jamais !

Comment tu dis ?
— Verlaine.
— Verlaine comment ?

Toutes les conférences de paix qui débouchent pas sur la paix, c'est à croire que les mecs entrent et sortent tout de suite par une porte de derrière !

Pour moi, honnêtement, la science sert à rien… j'ai jamais été malade ! Y en aurait pas de la science que ça me manquerait pas !
— Moi c'est le vélo dont je me fous… pour aller où ?

Avec l'échographie tu peux savoir si c'est une fille ou un garçon, mais pour savoir si c'est un Français ou un Anglais, faut attendre que le gosse commence à parler…

Chez les vieux, la télé est toujours allumée, au cas où…
— Au cas où quoi ?

— Au cas où…

Il a appris l'anglais en lisant les papiers de chewing-gums, c'est pas une langue bonne pour les dents…

Le chômage va à l'encontre de la dignité humaine… mais c'est pas grave, ça…

Un camion de soupe, si tu ralentis pas dans les virages… enfin, tu comprends ce que je veux dire…

À force de libérer des otages y vont plus en avoir, ces cons-là, et y vont devoir en reprendre !

La neige a deux côtés, un qui accroche et un qui glisse, le côté qui accroche est en bas, et le côté qui glisse en haut, pour faire du ski… si c'est le glissant en dessous, ça fait des avalanches.
— Ah bon, c'est pour ça…

On va manger de la dinde parce que c'est la tradition.
— Vous avez raison, il faut défendre les traditions, parce que sinon, plus personne ne mange de la dinde.

Cette année je fais pas de vrai réveillon, juste une grosse bouffe c'est tout.

Noël toujours en famille, et le premier de l'an chez des amis.

Nous c'est la dinde qu'on mange, parce qu'on respecte les traditions…

Plus personne va à la messe de minuit, à minuit on est à table…

Faudrait faire la messe à neuf heures…

J'ai horreur des fêtes obligatoires !
— Noël est pas une fête obligatoire, y a que Pâques, l'Ascension, la Pentecôte et l'Assomption…
— Ta gueule, curé !

Un Noël sans neige, c'est pas un vrai Noël…
— L'année dernière y avait de la neige, t'arrêtais pas de gueuler !
— Oui, mais j'avais pas mes bons pneus.

De nos jours, les gosses croient plus au Père Noël.

— À l'école on leur distribue des capotes, qu'est-ce que vous voulez que je vous dise ! Des capotes ! À l'école !

Ça me fout le cafard, Noël.
— T'inquiète, c'est bientôt le nouvel an.
— Eh oui, ça passe, ça passe…
— Moi c'est le nouvel an qui me fout le cafard.
— Toi, on t'a pas causé.

Des huîtres, du vin blanc, après je sais plus, j'étais bourré.
— À ce point-là ?
— À ce point-là !
— De la dinde ?
— Ohhh… sans doute !

Le temps n'y est pour rien ! C'est pas le temps qui détruit la falaise ! C'est la mer !

À dix heures, j'ai dit bonsoir au chat et au lit…

Les véhicules lents se mettent sur la file de droite, alors tu te pousses !
— Je suis pas lent !
— T'en bois un j'en bois six, tu rigoles !

Quand on sait pas boire, en général on boit le double !

On part dans une demi-heure, ça te va ?

— Une demi-heure ? C'est le temps que j'ai mis pour venir ! Tu me fais venir, je me tape le pont de Sèvres, et on repart ! C'est un rendez-vous de notaire, ton truc !

— Bon, on verra…

— C'est ça, on verra… alors moi je me tape le pont de Sèvres…

— Oui, on a compris…

— Oh ! Tu me parles sur un autre ton ! Tu me téléphones, je fais l'effort de venir, et EN PLUS je me fais engueuler !

— Je t'ai pas engueulé, j'ai dit que dans une demi-heure, faut que je rentre.

— Ça me dégoûte, tiens…

T'imagines que les mecs décident de nous envahir le soir du réveillon, TOUTE la France est bourrée !

— En deux minutes, on est battus.

— Et le pire c'est qu'on s'en fout, puisqu'on est bourrés !

Au moins, avec des familles qui n'ont qu'un enfant, tu peux pas avoir de guerre fratricide.

Ceci explique cela.

— Ceci quoi et cela quoi ?
— Je recommence.

Ils ont qu'à rentrer chez eux, les sans-abri !

Tous les hivers ils laissent le métro ouvert pour les sans-abri.
— Tant mieux, parce que c'est pas moi qu'ouvrirais mon taxi !

Il a renversé son calva, c'est comme ça qu'il a trouvé la loi de la gravitation du calva !

Dans certains coins reculés de Russie, ils ont une montagne par personne !
— Nous c'est les bagnoles, eux c'est les montagnes.

Si t'es cancéreux et que t'as pas la Sécu, là, mon pote, t'es bien dans la merde…

Tous ces cons qui vont faire du ski, ça donne pas envie d'aller faire du ski avec tous ces cons ! Ah non ! Même pas de la marche à pied dans les sillons !

Elle est morte à cent ans, la grand-mère.

— C'était ça les jeunes avant, ils mouraient à cent ans ; maintenant les jeunes, ils meurent à quoi ? Quinze ? Seize ?

Se faire servir à boire est un droit de l'homme !
— C'est ça… c'est ça…

Moi j'aurais offert 35 000 vins chauds, mais tu parles, Mitterrand, il arrive, y s'installe sur les gradins et c'est tout ! L'impolitesse du mec !

Les jeux Olympiques, je regarderai quand ça sera retransmis en couleurs !

Tu réfléchis, toi, un peu avant de parler ?!
— Pour ce que je dis…

Je crois que le plus rapide à ski fait du 220 kilomètres à l'heure.
— Remarque, quand tu sais que la piste elle fait 1 kilomètre, ça fait 219 kilomètres à l'heure qui servent à rien…

Paraît qu'ils ont massacré la moitié de la montagne pour faire leurs Jeux à la con !
— Et alors ? Elle a qu'à se défendre, la montagne !

Tout ce fric dépensé, ben mon con, ça en fait des sous !

Le mec faisait du ski, il a glissé sur deux bouts de bois qui se sont coincés, et ça a inventé la luge.
— Où t'as lu ça, toi ?
— Où ? Partout !

Si tu reçois l'avalanche quand t'es à table dans le chalet, ça fond autour de ton assiette et tu peux sortir par là.
— Sauf si tu mangeais du froid.
— À la montagne on mange du chaud.

Comme ça manque de place, y mettent des skieurs n'importe où, dans les granges même !
— Dans la soupe !

Elles sont mises de force, les bulles dans le champagne, d'ailleurs dès que tu le débouches elles se tirent.

Plus ça va, plus l'électron est cher…

C'est l'électron qui fabrique l'électricité, il rentre dans le bouton, t'appuies, il se barre dans l'ampoule, chaque fois que t'allumes t'en uses un et si t'allumes trop souvent, t'as une note d'électricité comme ça !

Je vois plus de Français quand je suis en Espagne que tout le reste de l'année dans ma cité !

— C'est vrai qu'en été, le Français envahit toute l'Espagne.

— ?! Je parle pas de ça !

Il est très intelligent.

— Moi je le trouve très con.

— On doit pas parler du même, vous parlez de qui, vous ?

— Du teinturier.

— Ah moi aussi, peut-être qu'on l'a pas vu le même jour.

— J'y suis passé hier.

— Ah moi aussi ! À quelle heure ?

— Onze heures.

— Moi j'y suis allé à midi.

— Ça doit être ça, alors… en une heure, il a eu le temps de changer…

— C'est les produits qu'ils mettent dans les machines, ça fait des effets…

— Ça en fait sur le linge, ça peut en faire sur les gens…

Il ne faut pas s'endormir sous un sapin, l'ombre est empoisonnée.

Des fois le courage, c'est de rester chez soi !

Mitterrand laissera une trace dans l'histoire, comme les escargots.

L'avantage de la guerre en Europe, c'est que les journalistes peuvent rentrer chez eux le soir.

Dans les villes nouvelles, t'as pas de cimetière, et tout de suite la ville en devient un...

S'ils veulent se faire la guerre, je vois pas pourquoi on intervient ! La guerre c'est un droit de l'homme !

— Tout à fait !

C'est ça qui est bien avec un animal, il est là, il vous aime, il attend pour sortir et c'est gentil, c'est reconnaissant, c'est pas comme les gens, les gens vous les aimez et ils s'en vont, ils téléphonent même pas, ils écrivent pas, rien, alors que vous les avez nourris pendant des années, et acheter des cartables et des cahiers, et des crayons, et payer la cantine, rien que ça, tenez, la cantine, ça se remercie, eh bien non, pas de remerciements, et les biberons toutes les deux heures, le jour, la nuit, ça pleure, et moi j'allaitais au début alors ça non plus, pas de remerciements, les gens c'est comme ça, vous voulez que je vous dise, si c'était à refaire, eh bien je voudrais accoucher des animaux !

Vous préférez quoi ? L'heure d'été ou l'heure d'hiver ?

— Aucune, c'est l'heure normale que je préfère.

Quand il a neigé partout, même la merde est en robe de soirée.

On n'aura pas de neige à Noël cette année, non, pas de neige, de la pluie non plus, on aura un Noël sans pluie, peut-être un peu de brouillard et c'est pas sûr, on n'aura rien cette année à Noël, rien. Du vent !

Limiter la vitesse à 50 kilomètres/heure sur autoroute par temps de brouillard, vraiment, mais qu'est-ce qu'ils ont dans le crâne ?

— Qu'est-ce que tu t'en fous ?! Tu sors de l'autoroute et tu prends la nationale à 120 !

Un porno sans enculade ne vaudra jamais, jamais un avec.

Ils ont viré les Blancs d'Afrique, résultat : c'est plein de Noirs.

Liberté, égalité, fraternité, c'est marqué sur les pièces de monnaie !

— Tu dis ça parce que t'es pauvre, regarde bien, c'est pas marqué sur les billets.

— ...?

— 1 franc, liberté, égalité, fraternité. 100 francs, va te faire mettre !

C'est la Terre qui passe entre le Soleil et la Lune.

— La nuit, y a pas de soleil.

... n'empêche que si la Lune était habitée, pendant l'éclipse tu trouverais pas une boulangerie d'ouverte...

Les éclipses de Lune c'est du bidon, c'est pour faire consommer de l'électricité !

... Si la Lune disparaît, faut pas traîner...

Les hommes préhistoriques devenaient fous quand ils voyaient une éclipse de la Lune.

— C'est Pierre Bellemare qui raconte ces conneries-là ?

Une bonne éclipse, c'est bien pour les mecs qui bossent de nuit.

Les traditions se perdent.

— Pas chez nous, chez nous tous les réveillons on s'engueule.

Je suis de l'Assistance publique, alors mon arbre généalogique à moi, il est pas plus haut qu'un radis…

Bernanos ? Le yaourt ?

Saint-Exupéry ouvrait les sacs et lisait les lettres.
— C'est interdit !
— Va surveiller, toi, quand l'avion passe de nuit au-dessus des montagnes…

Hitler n'avait pas de moustache au début, c'est son agent qui lui a dit d'en mettre une.

T'as pas de Noël chez les musulmans, et d'ailleurs t'as pas d'huîtres.

L'huître n'habite que les côtes catholiques.

La plus belle c'est la crèche de la Légion.

Il faudrait que le soir de Noël toutes les guerres s'arrêtent.
— Même un peu avant pour laisser le temps d'ouvrir les huîtres…

Boudins blancs grillés, tranches poêlées chaudes de foie gras, dinde farcie au four, petits légumes variés, salades diverses, planche de fromages, bûche glacée… ou… les escargots, les huîtres, tranches de foie gras sur feuilles de salade et toast chaud, oie farcie avec marrons en purée et pommes de terre en robe des champs, salade frisée aux herbes, le plateau de fromage sur feuilles sèches de châtaignier servi avec un petit pot de fines branches de céleri, une bombe de Noël… ou… œufs de lump et de saumon, huîtres, poisson farci avec gratin d'oignons et gruyère, poisson fumé servi avec de la choucroute et des légumes verts, salades, fromages chauds, charlottes aux fruits rouges et fruits déguisés…

— Ça demande à réfléchir, tout ça…

— C'est fait pour ça.

Une merde de dix-huit mètres, ça n'existe pas, ça n'existe pas. Et pourquoi pas ?

Il est en prison à Auxerre.

— Non ?!

— Si, mais c'est une petite prison, on dirait une prison de poupée.

Il est bien joli votre café, bien décoré, ah oui bien, bien, bien joli…

— On a fait ça hier.

— Bien, bien, bien joli… toutes ces guirlandes sur les bouteilles, et les boules au plafond, et la neige sur les vitres, ah oui, bien joli…

— Et le petit ange sur la caisse…

— Ah oui, il est bien joli, le petit ange sur la caisse… c'est une bonne idée… et ça aussi c'est bien joli…

— Ça ? C'est un saucisson.

— Il est bien joli le saucisson… ah oui… bien joli… c'est une bonne idée ce saucisson…

— …?

— Bien joli… cette année je réveillonne chez ma fille…

— … ça promet…

Si je savais comment ça marche pour remplir les papiers, je ferais un club des Amis de l'Apéritif.

— Suffit de se renseigner.

Quelqu'un qui ne s'y connaît pas dirait que c'est une mésange mais c'est un pic jaune.

— C'est une mésange.

Moi j'aime pas les poupées parce que les poupées ça me fait peur.

— De toute façon, t'as plus l'âge.

— Moi j'aime pas les poupées parce que les poupées ça me fait peur.
— De toute façon, t'as plus l'âge.
— Moi j'aime pas les poupées parce que les poupées ça me fait peur.
— De toute façon, t'as plus l'âge.
— Moi j'aime pas les poupées parce que les poupées ça me fait peur.
— Calme-toi, maman, calme-toi…

C'est sa mère ?
— Elle est folle…

Vous ne devriez pas faire boire votre maman.
— Si je ne la fais pas boire, elle pleure, elle a peur des poupées dans les vitrines.

Les vitrines sont pleines de poupées, vous pensez…
— Le mieux, ça serait de prendre la rue qui passe derrière les Galeries…
— Non, parce qu'elle veut voir les arbres décorés.
— Moi j'aime pas les poupées parce que les poupées ça me fait peur.
— De toute façon, t'as plus l'âge… J'aurais bien aimé de la neige à Noël, pour elle…

Joyeux Noël.
— Joyeux Noël à vous aussi, monsieur Picot.

Des huîtres.
— Et puis ?
— De la dinde.
— Et puis ?
— De la bûche.
— Ah dites donc…

… croquant et croustillant comme des croûtons de pain frits, ça craquait, croc, cric, craquelé, caramélisé au fond du caquelon…

… j'y ai pensé, aux enfants de Somalie, pendant qu'on mangeait, mais après on a dansé, c'était pas le même sujet.

Que tu dis toi, c'est un truc que tu dis, toi !
— Bien sûr que c'est moi qui le dis.
— Toi !
— Oui, moi.
— Alors dis pas : on a bouffé de la merde !
— J'ai pas dit ça, j'ai dit : c'était pas terrible.
— Que tu dis toi !
— Oui, c'est moi qui le dis.

Le foie gras de canard fait mal au foie de l'homme, c'est un exemple de combat entre foies.

Tous les ans pendant les fêtes je donne aux pauvres devant l'église, mais tous les ans ça augmente, plus je donne, plus y en a, c'est comme les miettes aux pigeons, plus vous donnez des miettes, plus vous attirez les pigeons…

— Jamais je donne de sous aux pigeons.

… et la bûche aux griottes aussi, j'ai failli oublier.

Il y avait une messe de minuit sur la première chaîne et une messe de minuit sur la seconde chaîne, alors on a zappé.

La naissance, la mort, la naissance, la mort, on s'en fout, l'important c'est le milieu d'entre les deux, c'est la vie qu'on passe, la naissance t'arrives et la mort tu t'en vas, d'accord, mais t'as fait quoi dans la maison de la vie, t'as fait quoi, t'as fait le ménage, t'as fait la cuisine, t'as posé du papier peint sur les murs, t'as fait des gosses pour la chambre des gosses et pis t'as un chien aussi avec une chienne qui fait des petits chiens avec des puces, tu mets le réveil et le soir tu regardes la télé pis tu vas au lit, c'est là dans la vie, la naissance t'arrives et la mort tu t'en vas, le mieux encore c'est de pas penser à tout ça sinon dans la maison tu t'assois et tu bouges plus, comme si t'étais une assiette sale…

Tu nous saoules avec tes mots !
— Moi ?
— Oui, toi, et en plus tu postillonnes partout !
— Moi ?
— Oui, toi.
— Moi ?
— Oui, l'homme aux mains bleues.
— Je suis peintre en bâtiment.
— Y a pas de bâtiment bleu dans le secteur.

Des fois je m'ennuie tellement que même l'ennui doit se faire chier.

Il est mort ?!
— Mais oui il est mort ! Tu savais pas ? Écrasé là, juste devant.

Ça y est, j'ai chié tout mon Noël.

Vous, vous avez plein d'enfants, alors forcément, vous passez les fêtes en famille, mais moi qui n'en ai pas…
— Ça, il fallait y penser avant !

Il a neigé toute la nuit mais la neige n'a pas tenu, la terre est trop chaude, n'oublions pas que nous sommes une planète du système solaire, la neige c'est une anomalie.

C'est des trucs de gosses, ces conneries-là…

On nous a habitués à ça depuis qu'on est petits, sinon on pourrait très bien dire « maman » à son père et « papa » à sa mère.

C'est des gens, s'ils font pas la guerre, ils ne savent pas quoi faire, alors qu'est-ce que vous voulez faire ?!

La Yougoslavie a toujours été en guerre, si c'est pas dans les villes que ça se bat, c'est à la campagne, et des fois dans les haies.

De toute façon, on est trop nombreux sur terre.
— Surtout eux !

La guerre ça fait monter le prix de la viande mais ça fait descendre le prix des gens, à croire que les gens c'est pas de la viande…

C'est pas lourd, le prix du Yougoslave.

La glace te transforme ni une ni deux un cochon en *hibernatus* !

L'été, le soleil se rapproche et l'hiver le soleil se recule… combien ?… une bonne dizaine de bornes.

Fastoche, l'Annapurna !

Le chômage est généralisé partout dans le monde, et pour la France c'est pareil, ni plus ni moins qu'ailleurs.

— Je suis désolé mais moi, ailleurs, je ne suis pas au chômage.

Tout le temps, tout le temps t'auras du chômage, c'est obligé, c'est la nature, dans la nature tout le monde a pas de coquille, par exemple, c'est un exemple type.

— Je vois pas le rapport.

— Ben si ! La coquille ça se fabrique ! Et t'en as qui en fabriquent pas, c'est comme des chômeurs, ceux-là.

— Désolé, mais un oiseau qui a pas de coquille, c'est pas pour ça qu'il est chômeur.

— Hein ?! Les oiseaux ça fout jamais rien !

— Et le nid ?!

— Un mois par an, si t'appelles ça du boulot…

L'étranger né en France devra demander la nationalité française à sa majorité.

— Alors qu'avant ?

— Il l'avait de force, évidemment.

Tout veut dire quelque chose, sauf ce qu'on comprend pas qui veut rien dire.

— Et encore, pas sûr.

— Si, pas sûr.

Si tu nais en France t'es pas forcément français, il faut naître à l'intérieur d'une Française.

Le citron, ça me fait grincer des yeux.

Il est tout le temps en train de montrer des photos de ses enfants dans les cafés comme s'il les adorait, et le soir il rentre tout le temps saoul et il leur tape dessus.

— Ça c'est vrai, c'est un peu idiot.

— Et le plus fort c'est qu'il ne perd jamais une photo !

— Y a vraiment un bon Dieu pour les alcooliques.

Sur les vieilles photos je suis jeune et sur de jeunes photos je suis vieux.

— Ah bon ?

C'est fini la fourrure, c'est plus à la mode, maintenant ce qui est à la mode, c'est tout ce qui ne concerne pas l'animal, genre nylon plastique et tout le toutim, disons tout ce qu'on trouve pas dans la nature sur le dos de la bête, mais dans l'usine sur le dos des ouvriers.

Quand tu portes une casquette, c'est un peu comme si tu portes la fourrure d'un ouvrier.

Si y a pas de boulot y a pas de boulot qu'est-ce que tu veux que je te dise, le boulot ça s'invente pas, y en a y en a pas, y en a pas y en a pas, on sort pas de là, par exemple la fabrication des voitures c'est un boulot qui s'invente pas, quoique remarque, si, lui s'invente comme boulot mais bon, par exemple la construction, c'est un boulot qui existe, c'est naturel comme boulot, tu ne peux pas en inventer puisque ça concerne les logements, ça ne s'invente pas quoique remarque certains bâtiments qu'on voit en banlieue avec des balcons de toutes les couleurs et des jeux qui tournent pour les gosses, ceux-là ce sont des boulots inventés par l'homme à cause de toutes les couleurs et de l'électricité dedans, mais bon, si tu prends le manger, la bouffe si tu préfères, le pain c'est un travail qui existe, tu vas pas fabriquer du travail dans la boulange artificiellement, c'est pas la peine de faire plein de pain qui va rester là et qui va durcir, tu ne peux pas inventer du travail dans ce secteur, c'est du ratage assuré sûr, mais si tu prends la construction des ponts, non, pas les ponts, les routes, non, pas les routes, travailler dans les bois pour enlever les branches qui gênent, là, tu peux créer plein d'emplois, des branches qui gênent, je sais pas si t'es déjà allé dans les bois mais dans les bois tout le monde y va, t'en as plein des branches qui gênent et l'avantage des branches qui gênent c'est qu'elles repoussent, tu les coupes, elles repoussent, tu les recoupes, elles recommencent à pousser, c'est du travail qui pousse après que tu as fini le boulot, c'est d'ailleurs le seul boulot qui sera toujours là, le travail qui pousse, et si ça pousse pas assez vite tu peux toujours arroser pour faire pousser, c'est l'avantage de ce genre de travail, le chômage, si t'arroses bien les arbres, y disparaît dans les branches basses, c'est ce que j'appelle, moi, prendre le problème à la racine, mais on peut appeler ça comme on veut…

On n'a jamais vu autant d'accidents de montagne qu'en ce moment, ah ! mais faut les voir les gens aussi, ils sortent de la voiture, ils mettent les chaussures et ils partent escalader le mont Blanc !
— On pourrait y monter en voiture, ça n'arriverait pas !

Le poisson peut pas pleurer, ni s'arracher les cheveux, et de toute façon pour émouvoir qui ? quand on voit comment les pêcheurs se parlent entre eux…

Il ne s'en sert jamais, de son véhicule utilitaire.

Monaco s'entraîne pas à Monaco, là-bas y a pas d'herbe.

Sa mère est juive, ou c'est lui ?

Arafat et Rabin signent la paix à Washington… ? Ah oui ! En Israël c'est la saison des pluies ?…

La paix moi je veux bien, mais bon… faut pas non plus… remarquez après tout… si c'est… quoique… la paix moi je veux bien, mais bon… faut pas non plus…

Des fois, une guerre, ça vaut mieux que la paix.
— Tout dépend ce qu'on veut.
— C'est ça.
— Et ça dépend ce qu'on cherche aussi.
— Et ce qu'on peut !

— Alors ça…
— Tout dépend…

Rabin ça fait juif, comme nom…

Une poignée de mains c'est que symbolique, mais c'est important aussi les symboles, tout marche avec les symboles, tenez, prenez le symbole du Bien qui est un ange…
— Oui… alors ?
— C'est une image qui frappe et on s'en souvient.
— Oui… alors ?
— On comprend tout de suite de quoi ça parle.
— Oui… alors ?
— Vous êtes con, vous, on dirait.

Ce qui est bien, avec la signature de la paix entre Israël et l'OLP, c'est qu'on n'a pas vu la gueule à Tapie !

Une poignée de mains et c'est la paix, un coup de pied au cul et c'est la guerre, finalement, rien n'a changé depuis la maternelle…

Il aurait pu se raser, le Arafat, pour une fois…

Le meilleur moyen d'empêcher les guerres c'est d'obliger tout le monde à faire en même temps des cornichons.

La tradition française permet de boire un alcool après le café, et c'est une bonne tradition, comme l'apéritif avant de manger, c'est une autre tradition française, on peut dire qu'en France on a au moins deux belles traditions, quand à côté de ça vous regardez les danses folkloriques, avec les costumes et les chapeaux, même si c'est joli, ça c'est vrai, c'est joli, je suis le premier à apprécier quand il y en a, mais n'empêche que ces traditions-là font vieilles traditions, un peu musée, on s'efforce de les conserver mais au fond on n'y croit plus, alors que la tradition de l'apéritif et du digestif est encore très vivace dans nos régions, à la montagne, partout, à la campagne, à la mer, tout le monde est traditionnel, si vous voulez, quand il s'agit de l'apéritif et du digestif, ce sont des traditions du dedans de l'homme pour ainsi dire, toutes les traditions qui entrent dans l'homme sont plus fortes que celles qu'on se pose sur la tête ou qu'on se met aux pieds, les huîtres à Noël, vous reconnaîtrez que c'est une tradition du dedans bien plus forte que la tradition de faire une crèche qui est une tradition du dehors, et que presque plus personne ne respecte, alors que les huîtres, des milliers de milliers pour ne pas dire des millions, et la dinde, et la bûche, tout ça va dedans et ça reste, d'ailleurs la religion a compris ça depuis longtemps, on vous met l'hostie dans la bouche, vous la sucez, vous l'avalez, c'est autre chose que si on vous la donne et que vous la glissez dans votre portefeuille, finalement, si on réfléchit un peu, combien de consommateurs viendraient dans ce petit café si on glissait les apéritifs et les digestifs dans leur portefeuille ?

La Chine risque d'éclater.

— Fais-y voir où c'est marqué, à ton copain.

— La Chine risque d'éclater… exact… Renault vous prête une Twingo.

— Où ?

— Là.

— Renault vous prête une Twingo… exact.

J'aime bien regarder les gens qui mangent en famille, dans la cuisine de l'immeuble en face… j'habite tout seul… alors faut comprendre, aussi… c'est pas de l'espionnage… c'est… je sais pas ce que c'est…

Vous avez vu ça ?! Un enfant qui a tué un enfant !

— Et alors ?! Pour une fois que c'est pas un adulte qui en tue un ! Vous êtes jaloux ?

Un enfant qui tue un enfant, on le fait juger par un tribunal d'enfants.
— Vous avez de ces idées, vous…

Vous verriez sa collection de papillons, vous la verriez, ça couvre tout un mur de sa chambre, vraiment ça fait vivant, on dirait qu'il a barbouillé de la glande sexuelle pour les attirer là…

Toutes les musiques sont bonnes, faut pas faire de la discrimination avec les musiques, la grande, la petite, d'ailleurs y en a pas *une* grande et *une* petite, y a *de la musique*, un point c'est tout, à la radio.

Verdi, ça s'écoute comme une lettre à la poste.

Le béret n'est plus à la mode, mais rien ne l'a remplacé.
— Ça c'est vrai.

J'ai vu un Ovni mais personne me croira.

Je voudrais bien écrire un livre mais je sais pas taper à la machine.
— T'as qu'à demander à quelqu'un que tu lui dictes et lui il tape.

— Oui, c'est ça, pour qu'y se foute de ma gueule en plus !

Nous, dans notre commando, on n'a jamais fait une seule fois de la balade : de la marche, que de la marche.

Je sais pas comment ils font pour mettre de la musique quand Cousteau il est sous l'eau ?

La prostitution, tu vas avec une pute, tu payes, mais tu devrais avoir le droit de la manger après.

Moi les cons je les reconnais, ça me rétracte la pupille.

— La pupille des yeux ?

...?

— ...

— ...?

— ...

— ...?

— Vous avez jamais vu un grand brûlé ?!

— Heu... excusez-moi... mais c'est parce que vous fumez...

Il allume ses cigarettes avec son Tac O Tac, pour faire son Gainsbourg, je vous jure, j'arrive pas à regarder.

Tu colles des chamois sur la tour Montparnasse, ça vaut bien le mont Blanc.

Avec les inondations en Bretagne, ça en fait des penderies et des bols qui partent à la mer !

Il a une grande baie vitrée, quand la nuit vient, on dirait le carreau qui s'éteint.
— Moi j'aime pas les baies, ça fait froid.

Ne jamais boire enceinte, le reste du temps, elle fait ce qu'elle veut, je respecte…

J'en prends une pour taper sur l'autre et je les mets au lit toutes les deux en arrivant !

Des intelligences supérieures sur d'autres planètes, j'y crois pas, mais des connards, peut-être…

Et vlan ! Passe-moi l'éponge !
— T'es plus en 1900.

Doucement… doucement… vous avez le temps…

Y a plus d'élevage, alors qu'est-ce que tu veux, les aigles ont plus les carcasses des animaux morts pour se nourrir, alors ils font comme nous, ils ouvrent des boîtes.

Un flic noir qui met une contredanse à un taxi noir, c'est ni plus ni moins un cannibale !

Les villes qui restent allumées le jour, ce sont des villes qui gaspillent…

J'espère que les voitures piégées, c'est pas des voitures neuves.

Je connais aucun mort qui croie en Dieu, alors que franchement, ça serait le moment…

Qu'est-ce que c'est laid, une femme qui boit !

Philippe Starck, je lui ferais pas dessiner le bec des canards, à celui-là !

Si les pédés ont la moustache, alors on sait plus quoi se mettre, nous, comme attribut masculin.
— Tu serais pas un peu pédé, toi ?…

Du vent !
— … ?

— Du balai !
— On est traité comme des feuilles, dans ce café.

Un coup de vent ? C'est de l'air en manège !

On n'a jamais le temps de faire ce qu'on veut.
— Et qu'est-ce que tu veux faire ?
— Ben, décorer le guidon !

Sur les pièces de 20 francs, c'est le Mont-Saint-Michel.
— Pas toutes, moi j'ai le Gaz de France.

Tu les reconnais facile, les intégristes : thé à la menthe, thé à la menthe, thé à la menthe…

Voilà que maintenant ça tripote les embryons humains !
— Moi je les interdirais, tous leurs films X.

Plus y sont, plus y sont cons !
— Comme nous.
— Ah non ! Nous on n'est que deux !

Il faut rire de tout, même quand c'est pas marrant.

Tu commences par être sans bistrot fixe, et tu finis à la rue.

J'ai froid rien que d'en parler, de vos morts de froid.

Ils gèlent par les poumons, comme du foie sur la fenêtre, vous voyez ?

Vous vous rendez compte qu'en France, à notre époque, on a des morts de froid ? C'est pire qu'en Afrique : ils n'ont que des morts de chaud, eux.

Dans une ville comme Paris, si on mesure, y a plus de dedans que de dehors, du coup ça suffirait qu'on ouvre les fenêtres pour que le chaud du dedans qui est plus grand que le froid du dehors gagne et que ça réchauffe tout, mais même ça on le fera pas.

Si tu te tricotes des chaussettes en fibre optique, tout le quartier reçoit des images de tes doigts de pied.

Les comédies de Molière, au fond, ce sont des tragédies au sucre.

Et pourquoi on construit pas une autre tour Eiffel ? Si on est tellement content de la première, pourquoi on n'en fait pas une seconde ? Alors là, faudra m'expliquer ! On a fait la moitié du chemin ! Alors pourquoi ?

Est-ce que c'est vrai que vous avez appris à nager avant de savoir marcher, ou c'est une légende ?
— Je sais pas nager.

On voit plus de belles grues.

Après voler, l'oiseau pue sous les bras.

La vie privée des vedettes, c'est tout ce qui est pas payé.
— Ça dépend de leur avocat…

La vie privée des vedettes nous regarde pas ? Alors ça ! y faut les voir qui se grimpent dessus dans les films, et après y faut pas qu'on dise combien y chaussent, ah ben alors ça…

Il part d'en haut et il arrive en bas.
— Sans tomber ?
— Sans tomber ! Il a le ski dans la peau, ce gamin, alors qu'à l'eau il n'aime pas se baigner.
— Il a pas l'eau dans la peau.
— Sans doute que non.

— Le ski plutôt.
— Sans doute que oui.
— Remarquez, déjà une chose dans la peau, c'est bien.

... c'est vrai, l'abus d'alcool peut être dangereux pour la santé, mais quand on a la grippe c'est le contraire.

La pluie, je préfère encore quand elle est par terre.

Si l'homme vient du singe, comment peut-il être à l'image de Dieu ?
— Peut-être que Dieu était un singe, et il a évolué en même temps que nous ?
— C'est la théorie de l'évolution de Dieu, ça.
— C'est ça.
— ... ?
— Ça reste une hypothèse !

Avant de créer une famille, on se lave les cheveux !

Si le Père Noël pouvait amener du travail à tous les chômeurs, et que en plus moi je devienne leur patron, avec la Mercedes et tout, ça serait un joli cadeau à porter sur la terre.

Quand je suis né, ça faisait froid comme aujourd'hui.

— C'est ton anniversaire ?

— Non.

— Alors c'est l'anniversaire du froid.

Avec le saumon sauvage, au moins t'es prévenu, alors qu'avec le saumon d'élevage, tu sais pas s'il est bien élevé.

Je gratte, si je gagne je vais pas au boulot… Bon, d'accord, au boulot.

Si on est les seuls dans l'univers, explique à quoi servent les autres planètes ?!

— …?

— Alors ?

— La Terre est notre maison… c'est du gravier dans la cour.

La France, dans l'univers, c'est un grain de sable, ou un peu plus… disons un petit caillou.

— Un scrupule.

Au casino, tu gagnes jamais, la bille finit toujours dans le même trou, celui du cul.

Les deux skis doivent toujours rester parallèles, comme si t'étais un train qui fait du ski, compris ? Compris ?

La diplomatie, c'est tout un art.
— La diplomatie, je l'encule !

Je cherche quelqu'un qui a une écriture de docteur pour me faire un papier.
— Ça peut se trouver.

J'en ai marre du Loto, j'ai plus d'idées pour les numéros.

C'est pas moi qui vais crier contre les prospectus dans ma boîte aux lettres, c'est les seuls qui m'écrivent.

Babar, c'est français, mais cela dit, y a pas d'éléphants en France, alors qu'on a des poules, et ça ferait un dessin animé peut-être mieux que *Babar*, et là le héros est français, Babar c'est Tarzan, ni plus ni moins.

À la télé, qu'est-ce qu'ils proposent, à part des films et des émissions ? Rien !

Les espèces en voie de disparition, c'est la nature qui commande qu'elles disparaissent, c'est les plus faibles, et quand toutes les espèces en voie de disparition seront disparues, restera que les espèces qui disparaîtront jamais, et vous verrez que très vite on se souviendra même plus des espèces disparues, on aura trop à faire à se foutre sur la gueule entre forts.

Faut pas lui toucher son verre, malheureux ! C'est comme aux animaux quand tu touches le petit, il en veut plus, il l'abandonne !

Ils en sont encore à l'âge des tavernes, dans ce pays…

*

Il met des tapettes aux oiseaux, vu qu'il a des tapettes et pas de souris.

Pour un lion, un clown c'est rien qu'un animal coloré pour la saison du cul.

T'avais des cirques qui faisaient le tour de France pendant l'Occupation ! Même les clowns !
— Les clowns, ça bouffe à tous les râteliers.

On aurait moins de rivières, on serait moins inondés, mais essayez d'en boucher, des rivières, vous allez voir les pêcheurs ! Et l'État osera pas ! Un pêcheur est un électeur !

Le pape va pas attendre, il se couche, et on le réveille pour minuit.

Je sais jamais quoi lui acheter, elle a tout…

… je lui fais sa vaisselle de Noël.

Je luis fais sa vaisselle de Noël mais je lui essuie pas, on laisse sécher…

Tant qu'on n'est pas mouru, on sait pas ce qui peut arriver.

Vous n'allez tout de même pas sortir sous la neige fondue !

Tant qu'on n'a pas coupé le cordon ombilical, le bébé peut retourner habiter dans le ventre de la mère pour passer la dernière nuit…

Blanc, rouge, rosé, tu bois les trois, t'es un drapeau.

Tant qu'on aura des cheveux sur le bouchon de la baignoire, on pourra dire qu'on est heureux.

Vous allez à la messe de minuit ?
— À minuit, ça fait longtemps qu'on est pleins.

Faudrait pas qu'un connard important meure, ils passent *E.T.* à la télé.

L'hiver sera froid, les oignons ont huit peaux.
— Et triste, ils font pleurer.

Je suis tout seul, je me couche tôt, je dors sur le côté, comme ça à minuit je suis sûr que les couilles se font la bise.

On change le menu tous les jours mais il en faut de l'imagination, au bout d'un temps on sait plus, les menus, hé, c'est pas marqué dans l'Évangile.

En art on peut pas se tromper de chemin puisqu'il n'y a pas de route.
— Moi je m'en fous, j'avais la tête d'un clown dans la chambre et je l'ai jetée.
— Je parle pas de ça, je parle du chemin.
— Y boit un truc ?
— Volontiers.
— Armand, tu nous remets.
— Vous connaissez Watteau ?
— Je l'ai jeté.

Il perd ses plumes parce qu'elle s'ennuie, c'est une fille, hein coco ? t'es une fille, elle s'ennuie dans la cage, on l'a emmenée au vétérinaire à Paris, c'est lui qui nous l'a dit, ça vient du Gabon, il lui faut un mâle, nous voilà bien, hein coco ? on lui donne du gâteau, c'est son gâteau préféré, c'est comme une femme, il lui faut un garçon, hein coco ? tu t'ennuies, coco ? coco ? dis bonjour à maman, coco, elle s'ennuie alors elle perd toutes les plumes du devant, hein coco ? tu t'ennuies, il lui faut un mâle, un mâle du Gabon, nous voilà bien, et où on va trouver un mâle gabonais ? Hein coco ?

Une Cartier ? T'en veux une ? Je peux t'avoir une fausse pour le même prix.

Les allocs plus deux RMI, tu touches ta patate.

Chez nous les pompiers sont passés pour le calendrier, et le facteur, et les boueux aussi, comme ça on a trois calendriers.

C'est vraiment pas le moment de faire un régime !

La corvée, c'est de les ouvrir.

Ils les passent aux rayons X avant de les vendre, si y a une perle, elle est pour eux.

Un mec qui chie une perle, je m'en fous, je mets les mains dedans.
— Pas moi.
— Deux perles.
— Quatre.

Les huîtres, elles naîtraient comme nous, ça serait un peu moins chiant à ouvrir…

Y a deux trucs où il faut dire pourquoi, quand tu ris ou quand tu pleures, le reste tout le monde s'en fout, c'est la société du spectacle.

Un chèque à l'encre rouge, c'est malpoli.

Il marche sur les chemins incandescents de la créature !

Tu le connais, lui ?
— Non, c'est le connard mystère.

Dans notre immeuble, tout le monde est au ski, alors celui qui a chié dans l'escalier, forcément, c'est pas un skieur.

Les expulsions sont interdites en hiver, il faut attendre le printemps…
— Ils habitent dans un squat, pas dans un bourgeon !

Le Paris-Dakar, c'est la galère, mais moins que le Dakar-Dakar.

La cocaïne, ça m'énerve, mais la décocaïnée, tu peux en prendre le soir, ça empêche pas de dormir.

Rome, c'est Paris en pas pareil.

Rome, tous les cent mètres t'as une ruine, et tous les deux cents mètres, pareil.

Non, non, la musique c'est pas la culture, sinon pourquoi y aurait France-Musique d'un côté et France-Culture de l'autre ?

Faire un créneau avec une papamobile, moi je te dis que le chauffeur il est fort !

On appelle ça des roses de Noël.
— C'est joli… et ça sent bon ?

— Attention ! Mettez pas votre gros nez dessus, vous allez m'en casser !

— …

— C'est fragile comme du verre.

— Et alors ? je n'ai jamais cassé du verre avec mon nez.

— …

— …

— C'est pas ce que je voulais dire…

Mon maître, c'est Robert Scipion.

Quand on a tout, il faut penser à ceux qui n'ont rien.

— Personne a tout.

Quatre boîtes dc crottes en chocolat !

— C'est de la folie.

… même pas un coup de fil.

Il est con comme un iceberg, trois fois plus con que ce qu'on voit !

L'Italie, c'est une météorite qui serait tombée et y a des millions d'années : d'où sa forme étrange.

Il est rentré dans l'église et il a mis des capotes dans la crèche !

— Qui ?

— Qui ? Mais on sait pas ! Plus rien est sacré, maintenant, plus rien !

BING !

— Holà ! Trois verres renversés depuis ce matin, c'est un suicide collectif !

Mourir pendant son sommeil, ça fait perdre une matinée.

L'image virtuelle, tu entres dedans, tu ne sais plus si c'est réel ou inventé : avec l'image virtuelle, on sera tout le temps jamais partout nulle part !

Je sais pas comment je vais faire, pour la bise de la nouvelle année, parce que j'ai la grippe.

Le plus dangereux après l'opération, c'est le réveil, on sait plus où on en est, on se rappelle rien, on se lève du lit et on découd tout.

Les sculpteurs de l'éphémère, je leur ferais des chèques éphémères, moi !

Ils augmentent encore le tabac, alors tant pis, je voulais donner mon corps à la science, je le donne plus, je l'augmente de 13 % !

Tu installes un petit barrage à la sortie du cœur, le sang fait tourner une petite turbine qui donne de l'électricité, ça, multiplié par plusieurs milliards d'hommes et de femmes, ça t'en fait du kilowatt !

— Compliqué, ton truc…

Un végétarien qui bouffe une plante carnivore, c'est le monde à l'envers.

Faut pas acheter des fleurs blanches si c'est pas pour rentrer tout de suite…

Je suis pas défaitiste, puisque de toute façon y a pas de futur, c'est comme un amnésique qui serait passéiste, réfléchis donc un peu, vraiment passéiste, avec arguments je parle, pas un branleur avec des écureuils qui lui tournent dans les yeux, un amnésique peut pas argumenter sur un passé qui a disparu, y peut que dire le passé me manque, et ça c'est pas un passéiste, c'est un nostalgique, pas pareil, pas du tout pareil, tu regrettes le temps passé, comme un con qui préfère se lever que se coucher, justement je suis pas défaitiste, je préfère me lever, puisque je ne crois pas au lendemain, je sais pas si tu me suis ? je serais défaitiste si je disais il y a un lendemain et il sera merdeux, moi je dis il n'y aura pas de lendemain, réjouissons-nous, c'est même de l'optimisme mon défaitisme, mal placé, mais ça sera toujours mieux qu'un pessimisme mal placé, le pessimisme mal placé c'est des larmes dans le potage, alors que mon optimisme mal placé à moi, c'est qu'on aurait sous les yeux des glandes pour faire la soupe… non, c'est pas ça… tu m'as embrouillé, avec ton histoire de pierre à briquet…

Tant qu'il ne pleut pas sur mon lit, moi…

Les États-Unis existent depuis plus de deux cents ans et t'as toujours pas un centenaire.

Dans la télé du futur, quand on n'aimera pas ce qui se passe, on éteindra.

T'as 950 000 profs en France, ça fait au moins 950 000 élèves qui écoutent, et ça suffit, vu le nombre d'emplois qu'on te propose, t'en as pas 950 000 par an, sinon tous les ans y aurait 950 000 chômeurs en moins, pas en plus, fais pas ta tête de con ! tu peux recompter…

On est là depuis deux heures, et ça fait vingt mille personne en plus sur terre, et deux mille hectares de forêts en moins.

— Deux heures pour toi ! Moi j'ai que dix mille en plus et mille hectares en moins…

Les Serbes et les Croates, y se battent on se demande vraiment pourquoi, y a même pas d'électricité dans leur pays à la con, c'est des chiens qui se battent et y a pas d'os…

Je collectionne les fèves depuis dix ans, j'en ai déjà dix.

— …?

— Chaque année je garde la fève, chaque année j'oublie pas.

Des fois, franchement, la solitude, on se dit que franchement, c'est mieux que la foulitude.

Dans la foule, personne marche dans la merde, t'as remarqué ?

— Ah ? Pas remarqué.

— On se promène tout seul, crac, on marche dans la merde, t'as remarqué ?

— Ça, j'ai remarqué.

La plus grande arnaque de tout le XXe siècle, c'est le poulet fermier.

Guernica, sur le couvercle d'une boîte de chocolats, ça donne pas beaucoup envie d'en manger.

On ne le voit plus, en ce moment.
— Ses béquilles, il les porte à l'intérieur des os, alors pensez, avec l'escalier.

— Pour un vieux, un ascenseur, c'est un courant d'air sous la jupe d'une fille.

Il est gros et ses copains veulent pas qu'il joue au football avec eux, il reste sur le bord du terrain comme du gras de jambon.
— Pfouiiiiiiii !
— C'est pas risible ! On verrait si c'était le vôtre, d'enfant !

Gros, c'est pas une tare.
— Très gros !
— Très gros, c'est à peine, à peine la tare.
— Énorme !
— Énorme, là d'accord, c'est la tare.
— Superénorme !
— Superénorme, là c'est la tache.

On n'a jamais eu autant de neige, à croire qu'il n'a jamais neigé.

Vous verriez chez lui comme c'est un cocon !
— Ah bon, y a des chenilles ?

Si on mange pas du cheval, le cheval va disparaître.

Il était bourré, mais bourré !
— Eh bien, patron ? Et la déontologie ?

Il a eu un passage à vide.
— J'aime autant ça que ses passages à plein.

C'est la télé qui le dit, c'est pas moi, les saloperies se mettent ENTRE les dents, pas sur les dents, écoute un peu la télé aussi quand elle parle avant de parler, si tu laves la dent et que tu touches pas l'ENTRE, c'est comme si c'est rien quand tu brosses : autant te torcher les genoux.

Tu te rends compte, le môme, tout petit il veut être docteur, et quand il est grand, tu le retrouves, il est trafiquant de drogues !

Bartok ? à petites doses, moi…

Ça va pas, ça va pas, ça va pas, ça va pas.

Lui, il fait tous les bistrots et il emmerde tout le monde, c'est un serial casse-couilles.

On n'est pas allés au ski c't'année.

— Y avait de la neige.

— Trop de neige.

— Y avait du monde.

— Trop de cons.

— Vous avez raison, on est mieux là, même si on n'a pas de neige.

La Camargue a toujours été inondée, alors un peu plus un peu moins, c'est une casserole avec du riz.

Les manifs, à la campagne !

Moi je le dis franchement, je serais CRS, je refuserais de taper sur des travailleurs.

— Y a que les travailleurs qui défilent.

— Ah non ! Des fois on voit des gars qui se baladent comme ça, prêts à faire un mauvais coup…

— Des promeneurs.

— Des promeneurs je sais pas, mais louches, je sais.

— Des chômeurs.

— Je sais pas.

— Tu vas quand même pas envoyer les CRS contre des chômeurs qui se promènent ?

— C'est pas pire que contre des mecs qui bossent !

— Putain, heureusement que t'es pas CRS !

— Non, mais mon frangin il est CRS et il pense comme moi.

— Elle est belle, la famille.

— Demi-frangin.

— C'est pareil.

— Et toi qu'es si malin, t'enverrais les flics sur les pêcheurs ?

— Les mecs cassent tout, faut pas exagérer !

— Ils ont plus rien à perdre.

— C'est pas une raison, soixante CRS blessés !

— Oui, là je dois reconnaître... mais y avait là-dedans des gars qui étaient venus que pour casser et qui étaient pas des pêcheurs mais des casseurs.

— C'est pour ça que les CRS ont chargé, aussi ! Ils ont tapé sur tout le monde, comment tu veux qu'ils fassent la différence entre le casseur et le pêcheur ?

— ...

— ...

— Le pêcheur sent le poisson.

C'était presque un dialogue de muets, tellement c'était un dialogue de sourds...

Au bord de la mer, des fois, on mange des côtes de porc.

J'aime pas le poisson, j'aime pas le poisson, qu'est-ce que tu veux…

Même en vacances un flic reste un flic, même en vacances, un flic picole.

Un froid de canard !

J'ai failli aller en face à cause de la glace sur le trottoir… à quoi ça tient, le commerce…

Je suis pas un génie parce que ça m'intéresse pas.

Je suis un homme de spectacle !
— Faites voir ?
— Hello les Chamallows !
— Ouais… moyen…

Si la vie disparaît de la terre, il restera toujours des photos en tous les cas.
— Ça sert à ça.

Le présentateur, le plus important, c'est qu'il soit à l'heure, après le reste, c'est pas grave, ça roule tout seul… l'heure ! L'heure ! L'heure ! Comme dans les magasins. L'heure !

Le présen-tateur !
— C'est pareil.

Quand j'ai trop la haine, je me crève un œil mentalement et ça me calme…
— Bon, nous on y va.

Le mieux, pour la pêche française, ça serait encore d'interdire le poisson dans les autres océans.

Si t'arrives à dessiner un proton, t'es tranquille jusqu'à la fin de tes jours, tu vends tes dessins aux scientifiques qui en sont friands.

Un petit coup de rouge, monsieur René ? Vous buvez plus ?
— Non merci, on peut pas être et avoir tété.

Tu lui donnes une Renault 20, il t'en fait une Renault 10 au premier virage…

C'est Christophe Colomb qui a découvert les Américains.

… Tu as Dieu en toi, et tu l'emmènes à Juvisy quand tu rentres…

Ce gars, c'est un génie méconnu, comme Mozart.

Faut parler à la plante.
— J'y crois pas.
— On apprend bien l'anglais au bébé quand il est dans le ventre de sa mère.
— C'est interdit en France, les mots anglais, depuis la loi Allgood, surtout dans le ventre de la mère en plus !
— À l'intérieur de la graine, ça entend.
— Tu parles anglais aux graines, toi ?!

On ne parle anglais qu'aux plantes anglaises.

Du dégueulis partout !
— Du… ?
— Des dégueulis, on était deux.

J'ai pas une bonne mémoire, quand je me souviens d'une image, ça fait document amateur…

… Une Noire saoule dans le taxi, je ne critique pas, puisque j'étais gris moi-même…

Proposer le SMIC à un jeune, si c'est pour qu'il achète de la drogue !

Il est mort comme un dieu.
— Vieux ?
— Jeune.
— Maladie ?
— Accident.
— Pourquoi comme un dieu ?
— Qu'est-ce que ça change ?

J'ai donné cinquante francs pour la défense des animaux.
— Cinquante francs ? Pour ce prix-là t'as même pas un gigot.

Bruce ?… Lee ! Bruce ?… Springsteen !… C'est pour ça au fond que mon bébé je l'ai appelé Bruce.

J'ai été licencié… tu sais ce que j'ai dit en partant, ah, ah tant mieux, comme ça peinard ! Ah, ah, moi faut pas essayer de me baiser… Ah, ah… snif…

… ce sont des grandes plantations, moitié café, moitié déca…

L'ancêtre de la voiture, c'est la marche à pied.

Des virgules et des virgules et des virgules partout sur la vitrine dans le menu, je lui ai pas demandé de mettre des virgules, tout de même, je lui ai demandé d'écrire les plats, après bœuf bourguignon vous savez ce qu'y me met ? Une virgule, plus loin, pommes vapeur ! Filets d'harengs virgule pommes à l'huile ! Je lui ai dit, dis donc, c'est pas la dictée, ici !

— Et qu'est-ce qu'il a fait ?

— Il a enlevé ses virgules ! Les virgules y en a pas dans les assiettes je lui ai dit, alors y en a pas dans le menu !

— Et qu'est-ce qu'il a dit ?

— Rien ! Manquerait plus que ça !

— Oui…

— Ah la, la ! Ces temps partiels !

Les nouvelles, je les prends le soir, ça me suffit.

Le FBI, la CIA, tout ça, ça vaut pas la Gendarmerie.

La Russie, c'est pas tellement stable comme économie, si tu veux mon avis.

Les temples grecs ont souvent pas de clocher…

Je laisse les molécules sur le bord de l'assiette, je les mange pas.

Y a tout le temps des bagarres dans son bistrot, il faudrait le placer sous administration de l'ONU… Ça serait pire ? tu crois ?…

Du patinage artistique à la télé, non mais dites donc, on n'est pas au pôle Nord !

J'aime pas les gens heureux, ça regarde les gens malheureux d'un air de dire faites comme nous, soyez heureux… connards !

Le poète, avec le malheur il te fait de la poésie, le poète, rien le dérange dans son travail…

Les crises cardiaques, ça arrive surtout le matin quand on se lève.

— …?

— C'est les docteurs qui disent ça.

— Moi tu me feras pas faire une crise cardiaque avant le café.

La semaine de trente-cinq heures ?! Le temps d'arriver au boulot, y en a déjà plus que trente à faire…

Je regarde par terre, tout le temps, pour trouver une pièce, ou un portefeuille, on sait jamais, hein, hein, tout le temps je regarde par terre et aussi en l'air, les fenêtres, si y a une fenêtre qui est cassée pour aller dormir, et je regarde aussi si y a les flics qui sont là, et mes copains, je suis toujours avec mes copains, j'ai que eux, mes copains, moi… on se regarde, c'est comme ceux qui vont dans la montagne avec des cordées comme on dit, si y en a un qui tombe… les autres ils le regardent et ça le retient, nous quand on se regarde ça fait des cordées, les gens de la rue, ils ont les yeux comme ça, c'est comme les autres ils ont des produits de consomme… comme on dit, eh bien nous, dans la rue, on n'a que nos yeux, on dort presque jamais, quand… tu dors, t'as plus tes yeux, tu te mets à dormir les yeux fermés, tu vois plus le ciel et voilà, il pleut, t'as froid, tu meurs si t'as plus tes yeux, le ciel, il faut tout le temps regarder le ciel, nous dans la rue on n'a plus rien, on n'a que nos yeux, faut pas fermer les yeux, c'est pour ça qu'on fait peur aux gens qui passent, on a encore nos yeux, et on les regarde qui passent, les gens, avec nos yeux.

— Dehors !

— … avec nos yeux.

— Dehors !

— … avec nos yeux.

Il est où, mon papa ?

— Il dégueule aux chiottes, mon petit.

Toujours un cure-dent dans la poche pour crever un œil, au cas où, on sait pas, si je fous la merde et qu'on m'attaque.

Le scorpion, il se coiffe, il est mort.

Le jour où je vais mourir, je suis pas né et basta, si tu crois que je vais me faire chier avec ça, pas né le mec, pas né, point, d'ailleurs si c'est possible que ça soit écrit sur la tombe : ci-gît un homme pas né, ça m'arrangerait, les gens se marrent en passant devant et moi je m'en fous, je suis pas né d'un accident de voiture ou une connerie de quand je rentre bourré, et point, terminé, hop ! Pas né !

Oh ma chérie ma chérie, je suis contente de t'avoir, oui, je te téléphone d'un bar, oui, un bar, le monsieur est gentil – ah oui merci monsieur, merci, encore merci – oui, d'un bar, le monsieur est gentil il m'a branché le téléphone, pas moyen de trouver une cabine, oui, je suis dans un bar, j'ai eu peur, mais j'ai eu peur de ne pas t'avoir, j'ai eu peur, heureusement le monsieur a été très gentil, je téléphone d'un bar, oui, je suis à côté de la caisse, oui, c'est ça, tu as compris, je suis debout, le monsieur a bien voulu que j'utilise le téléphone de la caisse – merci monsieur, vraiment merci vous êtes gentil et je vous donnerai un peu quelque chose, mais si, vous êtes gentil, c'est normal – oui, je disais au monsieur qu'il est gentil, je téléphone d'un bar, heureusement le chien n'est pas là, le chien, il est pas là, sinon on ne peut pas passer derrière le bar, le chien est enfermé, il m'a dit qu'il est malade – c'est grave ? – il me dit que c'est pas grave, quoi ? pour le chien, du monsieur du bar, je téléphone d'un bar, je te dis, à la caisse, le monsieur a bien voulu, je parle fort, je sais, mais ici c'est plein de gens, je t'entends à peine ma petite chérie, je téléphone d'un bar, un café, oui, un café, c'est le seul endroit que j'ai trouvé pour t'appeler, le monsieur a bien voulu – je vous donnerai quelque chose, si si, pour votre gentillesse, si si – tu es là ma chérie, tu m'entends ? ah, je croyais que tu étais partie, ça a été tellement difficile de t'avoir, on m'a dit elle est pas là, dans l'entrée, oui, le monsieur du standard, oui, alors j'ai dit : insistez, c'est important, mettez-vous à ma place, je téléphone d'un bar, insistez, finalement il t'a trouvée, eh oui, dans ton bureau, c'est ce que je lui ai dit, insistez, je téléphone d'un bar, le monsieur a été gentil – si si si, vraiment merci, j'étais embêtée, embêtée – et il t'a trouvée dans ton bureau, heureusement ma chérie, heureusement, j'ai une mauvaise nouvelle, ma chérie, Tata ne peut pas venir… ?… ? allô ? Allô ! Allô ? Ma chérie ? Allô !… ?… ? Allô ? – elle a dit : tant mieux, et elle a raccroché… vous êtes sûr qu'il marche, le téléphone ?

Tu peux le brûler, ou l'enterrer, ou le mettre dans la mer, le mort, ça va à toutes les sauces, si on peut dire…

Dès que vous sortez de France, on vous assassine !

— Dans mon quartier c'est pas mieux !

— …?

— Enfin, on vous bouscule sur le marché.

Chanteur, c'est pas un métier !

— Ils en gagnent, de l'argent…

— D'ailleurs, ils n'ont pas la Sécurité sociale, vous croyez que Johnny il se les fait rembourser, ses médicaments ?

Ils chantent avec la bouche…
— Moi avec la bouche, je mange… oui mais moi, je travaille !

La patate, ça fait pas grossir, les nouilles non plus, la charcuterie ça fait pas grossir, le pain, non, le pain ne fait pas grossir si on en mange modérément, rien ne fait grossir, même, à la limite, c'est louche.
— Ça vaut pas les produits d'avant.

Les phoques mangent du poisson, et ils ne sont pas maigres, ceux-là !

La biscotte, c'est une sorte de corail, fabriqué à base de pain.

Un chat derrière une vitre, ça fait penser à un ancien coquillage pris dans la craie…

Les machines prennent notre travail, alors ce qu'il faudrait c'est arrêter de fabriquer des machines, mais si on arrête la fabrication des machines ça supprime des emplois, ah oui, parce que plus on fabrique des machines et plus ça donne du boulot, mais après, les machines, on les met à la place des ouvriers, et les ouvriers ont le bec dans l'eau, finalement ce qu'il faudrait que les ouvriers fabriquent, c'est pas des machines qui les foutent dehors, il faudrait qu'ils fabriquent d'autres ouvriers, comme ça, les ouvriers fabriqués les remplacent mais c'est pas grave d'être remplacé par un autre ouvrier, c'est déjà mieux que d'être remplacé par une machine, remarque, des ouvriers, les ouvriers ils en fabriquent déjà, suffit de faire un gosse, et ça empêche pas les machines de nous foutre à la rue, il faudrait, je sais pas, je sais pas, je sais pas, le contraire, que les machines fabriquent des ouvriers, puisque les nôtres qu'on fabrique nous, personne en veut…

Pas de boulot, pas de boulot, zéro plus zéro égale la paye à Toto !

Quand ça gueule à la maison, je mange une biscotte, ça fait crunch dans les oreilles, j'entends plus rien.

Le champagne, c'est une boisson de fête, contrairement au mousseux, qui est une boisson de départ en retraite.

J'aime bien quand y a un jambon suspendu au plafond, t'as l'impression que toute la maison se mange…

À quoi tu penses ?
— Rien.
— Rien quoi ?
— Rien rien.
— Rien rien ?
— Rien du tout.
— Tu penses à rien du tout ?
— À rien du tout.
— C'est pas possible, on pense toujours à quelque chose.
— Moi je pense à rien, j'y arrive.
— T'arrives à penser à rien.
— J'y arrive.
— Moi j'y arrive pas.
— Si t'arrives pas à penser à rien, c'est que t'es con.

Il a eu un bébé hier soir.
— Hier soir, ça m'étonnerait, il était avec moi…

On sent qu'on le mérite, l'apéritif, quand on a fait les courses.

Tout ce qu'on dit, on pourrait dire le contraire.
— Pas sûr.

Les poissons entendent pas le bruit de l'eau, c'est con mais c'est vrai, c'est les seuls à pas pouvoir l'entendre, c'est con mais c'est comme ça.

… Soit j'y vais, soit je téléphone… si j'y vais je téléphone pas… si j'y vais pas je téléphone… bon… un demi et un téléphone… y a quelqu'un ? Bon, soit j'attends pour téléphoner et j'y vais pas… soit j'attends pas et je téléphone pas puisque j'y vais… tu me donnes le demi… bon, déjà je bois le demi, après on y verra plus clair à l'horizon…

Le silence au téléphone, c'est le même silence que dans l'ascenseur, on entend vraiment que personne ne parle.

Le meilleur antivol de bagnole, c'est de la merde sur les poignées.

Quand j'arrive, ils disent : tiens le voilà ; sur les Champs-Élysées, t'as plus un accueil comme ça.

Il est fort, c'est un sculpteur malien, un jeune, il donne aux animaux des formes humaines, il fait des hippopotames gendarmes.

Il n'y a pas un autre mot que « moderne » pour dire moderne ? À chaque fois j'achoppe.

Une famille d'ouvriers va acheter un litre d'huile, et une famille de milliardaires va pas acheter beaucoup plus que ça, elle va pas acheter six cents litres d'huile pour la salade, l'huile est un produit qui n'a rien à voir avec la fortune personnelle de chacun, et les marchands d'huile s'arrachent les cheveux, on se les arracherait pour moins que ça, l'ouvrier, un litre, le patron, un litre, quand vous avez fait la quadrature du cercle, les comptes sont là, vous avez vendu juste ce qu'il faut d'huile à l'un et à l'autre, devant l'huile au moins vous dites tous les porte-monnaie sont égaux.

— … Vous avez goûté l'huile de myrrhe ?

Une fraise des bois, si le renard a fait pipi dessus, tu la manges, tu meurs.

Quand on est laid, on fait pas de la télé !

Toutes ces tribus d'Afrique n'ont pas de facteur, tu voudrais être muté facteur en Afrique que tu ne pourrais pas, le pays est beau, tu vas d'un village à l'autre avec la voiture, tu regardes les lions, t'apportes les mandats, tu papotes avec le chef… oui, mais il n'y a pas de facteur là-bas, il n'y a même pas de courrier, cela dit, plaise à toi de monter ta propre société de facteurs de brousse, même à la limite t'écris toi-même le courrier au début pour créer un besoin de correspondance, c'est une drogue, après tout le village attend devant la boîte aux lettres, quand tu as eu du courrier une fois, si tu n'en reçois plus tu ne comprends pas, tu crois que t'es oublié, moi ça me fait ça, les Africains ça leur fait ça aussi, tu fous le cafard à toute l'Afrique le jour où tu distribues pas ton courrier, en deux semaines tu deviens un peu comme de l'eau chaude au robinet…

Je préfère leur donner un sandwich qu'une pièce de dix francs, à ces mecs-là…

C'est quand même dommage de coller des étiquettes de travers à notre époque…

J'ai la langue qui saigne à force que tu me coupes la parole.

Dans ma rue, y a un sapin.
— C'est bien… va plutôt faire chier ton père.

On prend le sapin en pot, comme ça on peut le replanter.
— Vous avez raison, c'est la logique même.

La mode est à la boule d'une seule couleur.

— Nous, on se laisse pas dicter la mode.

— Vous ? C'est des vieilles boules récupérées à droite et à gauche ! Critiquez pas la boule unique.

Le sapin, au moins, c'est une tradition qui plaît à tout le monde, tout le monde en fait.

— Les traditions qui ne plaisent à personne ne font pas long feu !

— Vous en connaissez, des traditions désagréables ?

— …

— Même celui qui n'aime pas la bûche au beurre peut se rabattre sur la bûche glacée.

D'année en année il perd moins ses pointes, avant, deux jours après qu'on a mis les boules, il perd ses pointes à la chaleur, les nouveaux qu'on trouve dans le commerce pas plus cher gardent leurs pointes au moins la semaine, jusque après la nouvelle année, il a ses pointes, ils ont fait du travail dessus, ça n'a rien à voir, je sais, mais tous les ans on a fait du progrès sur le sapin, et les maladies, rien, ça a rien à voir, je sais, mais il ne faudrait pas que tout l'argent des maladies aille à la recherche sur le sapin…

Tu fais quoi le lendemain de Noël ?
— Je suis malade.

Le boudin blanc, surtout, surtout, surtout non truffé ! Il en mange pas sinon.

Simone Veil, tu l'as vue, Simone Veil à la télé ? Elle mangeait sous la tente avec les SDF…
— Elle peut pas bouffer chez elle !
— C'était pour parler de la misère.
— Elle peut pas bouffer chez elle !
— Elle avait un verre de rosé.
— Elle peut pas boire chez elle !
— Tu sais qui c'est, Simone Veil ?!

Les bouddhistes, le soir de Noël, rien leur plaît à la télé.

Les huîtres, faut les ouvrir…
— Ah oui, faut les ouvrir…
— Ça…oui, mais c'est bon.
— Oui, mais alors, pour les ouvrir…

J'aime bien manger de la volaille, c'est à la fois animal et végétal.

… Pareil, les gaufres, j'en mange deux, j'ai plus faim…

Pour les islamistes, le plus grand bonheur, c'est la mort.

— Évidemment, nous, contents comme on est avec le tiercé dans le désordre, c'est pas la même civilisation…

Des fanatiques !

— Pas pire que l'Inquisition…

— L'Inquisition, on détournait pas des avions !

En trois siècles pauvres cons, l'Inquisition a fait moins de morts que vos pirates new-yorkais !

— Ah ?

— Vérifiez !

… Vous plaisantez ?

En trois ans pauvres cons, l'Amérique a fait plus de morts.

Allah est grand, mais le GIGN est encore plus grand.

Dans la gendarmerie, soit tu as des superhéros, soit tu as des branleurs au bord de la route…

L'année dernière c'était encore le Père Noël, et cette année c'est le GIGN.

— Ça grandit vite…
— Ah oui, ça grandit vite !

À côté du GIGN, le Père Noël qui descend dans la cheminée, c'est un petit Lolo.

Pour qu'on t'envoie les supergendarmes faut déjà que t'aies fait une superconnerie ; si tu chies sur un paillasson on t'enverra les super-rien-du-tout.

On a mis Jésus sur la Croix, mais eux c'est pire, ils mangent pas de cochon.

Le cerveau de la grenouille est comme le nôtre, c'est pour ça que les scientifiques s'intéressent beaucoup au cerveau de la grenouille : quand on aura compris le cerveau de la grenouille on aura compris pourquoi le cerveau de l'homme aime bien faire chier les grenouilles.

C'est pas avec la mécanique quantique que t'ouvriras un garage.

Qu'est-ce que tu veux à manger, pour ce soir ?
— Chut ! Je réfléchis.

Le jazz, dans les magasins ça fait acheter.

J'aime pas lire, d'ailleurs à la maison tu verras jamais un livre que j'ai lu, tu verras que des cadeaux.

Si de toute façon c'est pour pas lire, autant avoir de gros livres que des petits, tant qu'à faire, t'auras toujours l'air moins con de pas avoir lu des gros livres que de pas avoir lu des tout petits.

La première puissance du monde dirigée par un alcoolique, ben putain, après on dira qu'on sait rien foutre !

Tiens, remets-moi un kir pendant que t'as la bouteille de vin blanc à la main.

— Tu me surveilles les mains ou quoi ?

— C'est la bouteille que je surveille, oui !

— Vous voyez qu'y me surveille les mains comme si je fais un tour de magie.

— Fais donc apparaître un kir, tiens…

— Hop là ! C'est pas le lapin du chapeau, c'est le vin du tonneau, bonne année, mon René.

— Bonne année, ma Jackie.

— On se fait la bise ?

— On se fait la bise.

— Moi c'est cinq, comme les pattes du canard.

— Elle démarre bien, cette année, ah oui, elle démarre bien…

— Comme un dimanche !
— Je hais les dimanches…
— Après, je vais chercher ma galette.
— Tu vas faire un drôle de roi !
— Santé.
— Plein d'argent, plein de bonheur.
— Plein d'essence.
— Ah oui elle démarre bien, elle démarre bien.

Retirez les coquelicots à Monet, il ne reste qu'un peintre en pelouses.

L'ADN fait des hélices comme des nouilles, on en a tous, même les connards.
— Des hélices de nouilles ?
— Connard.
— … ?
— Y a que le sport qui t'intéresse, toi !
— Le foot.
— Tiens, justement ! Leur ADN à eux, faut le voir ! La forme des hélices à ces cons-là qui parlent même pas bon français !

Le pire ennemi de la télé, c'est la paupière, le nombre de fois que tu clignes pendant une année, ça équivaut à des émissions entières que t'as pas regardées.

Danseuse à l'Opéra, si t'habites à Arts-et-Métiers, ça fait cinq stations pour rentrer, mais les danseuses elles rentrent pas, elles vont manger dans les grands restaurants et y a toujours un richard pour les inviter à venir dormir, les appartements à Arts-et-Métiers sont vides, du coup, y a de quoi réquisitionner par là-bas, et pareil pour les vedettes de cinéma qui rentrent jamais, et les top model elles sont toujours dans les avions, c'est pas moi qui le dis, c'est elles, rien qu'en lisant les journaux on en trouve des appartements vides, et les grands orchestres qui font le tour du monde, rien qu'à eux, tu loges cinquante familles, rien que les violonistes, tu loges vingt familles, et les hautboïstes, dix !

Moi vous m'y verrez jamais, sous une avalanche.

Tant que tu rigoles en buvant, c'est que t'es pas alcoolique.

Dieu est lumière, mais on connaît pas le voltage.

Dans l'infiniment petit, tu vois passer un spermatozoïde, tu crois que c'est une soucoupe.

L'armée de terre, on est tout le temps dans la boue.

La greffe du cœur, si c'est mal fait, ça te le rejette, n'importe quel endroit où t'es, même dans le bus.

La science ? De quoi elle se mêle ?!

L'esprit critique, d'accord, mais si c'est pour tout le temps critiquer, là je dis non !

Nanterre, quand tu es jeune, tu y vas pour la faculté, quand tu es vieux, tu y vas pour la douche.

Une fois par an, il faudrait manger un boucher.

Toutes ces étoiles, à force, ça finit par remplir les poches des astronomes…

L'essence, 33 centimes d'augmentation, y se mouche pas avec le dos de la cuillère !

Même dans le plus grand cerveau en ébullition tu ne peux pas faire cuire des nouilles.

Entre les meubles de jardin et les bancs du square, y a deux ans de chômage.

Quitte à apprendre l'anglais, autant que ça soit l'allemand.

C'est les conneries qui font rire les gens.
— Pas du tout !

Napoléon, Mao, tout ça, c'est bonnet blanc et blanc bonnet.
— Ah non, c'est pas le même chapeau !

Tous ces sondages, ça fait de nous des cobayes, c'est tout ! Je suis pas un hamster, c'est tout !

… C'est pas gros slip, c'est gros cigare dans le slip que j'avais dit l'année dernière…

Il a des poignées de valise ici.
— D'amour.
— Ça fait longtemps qu'on s'aime plus.
— …
— Je me plains pas.
— …

— On a vu un élevage d'autruches, vous connaissez les autruches ?
— À la télé.
— C'est pareil en vrai.

… Vous avez jamais eu faim, parce que si vous aviez vraiment eu faim, même un ours en peluche…

… Incisive, canine, prémolaire, molaire et la cigarette, ça fait cinq sortes de dents.

… exemple : « cracher dans la soupe », c'est une expression qui a bien tenu le coup face à la disparition de la soupe et l'invasion des mots anglais.
— C'est parce que c'est une expression parfaite.

L'enfant de parents non mariés ne trouvera jamais un vieux paquet de dragées dans l'armoire quand ses parents sont pas là, quand il sera en âge de fouiller.
— Ça, c'est du détail.
— Oui, c'est vrai, mais la famille, c'est rien que du détail qui s'accumule…
— Comme la poussière.
— Ça, c'est vous qui le dites.

Les parents non mariés font des enfants aussi normaux que les parents mariés, même plus.

La famille Picasso, elle fait quoi maintenant, elle chie du parfum en attendant que ça passe…

Pour la tribu, y a pas l'allocation tribu, alors pourquoi pour la famille y a l'allocation familiale ?

Je suis née entre deux jours, c'est pour ça que je n'ai pas d'horoscope.

Le cancer du chômage, c'est pas tellement agréable d'entendre ça pour moi qui suis au chômage et jamais malade.

— C'est une expression.
— J'ai pas le cancer.
— C'est une façon…
— Je suis pas cancéreux.
— C'est pour expliquer.
— À mon âge, je soulève encore des poutres.
— Laisse dire, tu t'en fous.
— J'ai pas des miasmes.
— Écoute pas.
— Le cancer du chômage…
— C'est une façon pour dire.
— Le chômage, c'est bien assez pour qu'en plus on nous colle le cancer.

— La grippe du chômage.

— La grippe ? Même en hiver je suis habillé pareil.

— Bref…

— Quand y a cinq millions de gens au ski, on dit pas le cancer du ski, on dit les sports d'hiver.

— On va pas dire les sports d'hiver du chômage pour te faire plaisir !

— Non… quoique… j'y serais bien allé.

C'est une pute, elle poivre les bites.

— Menteur.

Réduire le taux d'alcoolémie de 0,7 à 0,5, je vois pas ce que ça change, j'ai toujours 2.

Pour un travailleur de force c'est pas pareil, tu peux boire plus, c'est pas pareil dans le terrassement, ou alors tu transportes du parpaing toute la journée, c'est pas pareil, tu bois mais tu élimines, et en plus si tu bosses sur un chantier souvent tu rentres en métro, tu risques pas de planter la Mercedes.

… de 0,7 gramme à 0,5 gramme, t'as 0,2 gramme de différence, moi je passe sur la balance avec mon 38 tonnes, si je pèse 38 tonnes et 0,5 gramme je passe, et 38 tonnes et 0,7 gramme, je passe pas, avoue que c'est enculer les mouches !

— … c'est pas comme ça…
— … je sais, je blague…

L'alcoolémie, c'est le style de l'homme.

Une fois, bourré, les gendarmes m'arrêtent, ils me regardent les papiers, la voiture, ils me disent que j'ai bu, je dis oui j'habite pas loin, ils me disent attention, je dis c'est exceptionnel, ils me disent la prochaine fois bon, je dis oui je sais excusez c'est un pot au boulot, je sais pas si c'est le mot boulot mais ils m'ont laissé partir comme ça sans rien, quand je vois ça, je dis que c'est une très bonne publicité pour la gendarmerie.

Qu'ils s'occupent de la Bosnie avant de s'occuper de l'alcoolémie !

J'ai chié deux fois dans mon pantalon, mais toujours pour des bonnes raisons.

… même si on les regarde pas, ils continuent à travailler, pour dire comme ils sont cons à la télé…

Jamais je suis arrivé en retard au boulot, jamais, et ils m'ont viré !
— Pareil ici, jamais en retard.
— Vous allez pas me virer vous aussi !

… je serais une plante verte, je m'arroserais toutes les deux minutes.

Plus personne fait d'enfant, l'homme disparaît de la terre.
— J'en ai quatre.
— Vous resterez tout seul avec vos quatre.

La petite est tombée du sixième étage, elle a rien eu !
— Les enfants sont mous.
— Mous ? Pas tellement.
— Si, après ça durcit.

Elle a des jolis yeux, mais des jolis yeux !
— Quel âge elle a ?
— Cinq ans, ils sont verts.
— Des yeux verts à cinq ans, elle aura son bac.
— Ah oui, ça c'est tout à fait possible.

… c'est triste à dire, mais son anniversaire tombe le jour de Noël alors obligatoirement, on s'en fout de son anniversaire…

Dix minutes avant de sortir du ventre de sa mère, le bébé range tout.

… si on accouchait de vieillards, tout le temps des choses serait raccourci…

J'aurais ta gueule, je picolerais.
— Non, mais je vous en prie, monsieur, en plus je ne vous permets pas de me tutoyer !
— Je voudrais pas qu'on me tutoie, je picolerais.

Les enfants sont imprévisibles, ils vieillissent et puis ils meurent.

Le prématuré aime moins sa mère puisqu'il est resté moins longtemps dedans.

En Chine, les femmes ont droit qu'à un enfant.
— C'est trop.

Une fois par an, toute l'Afrique sent l'éther parce que c'est le jour de la vaccination.

Dalida n'est pas morte, elle vit dans son frère.
— Elle habite où elle veut.

Les Serbes ont fait des crimes contre l'humanité contre les autres, et après c'est les autres qui ont fait des crimes contre l'humanité contre les Serbes, ça fait un crime contre l'humanité partout…
— … les crimes contre l'humanité, tant que c'est pas contre nous…

L'alcoolisme est une maladie.

— Une maladie, une maladie, on tousse même pas.

Les mecs qui mendient dans la rue, qu'ils fassent comme nous, qu'ils aillent mendier à l'usine !

Tous ces mendiants… ils vont finir par se mendier entre eux…

Les clochards sont français, alors que les mendiants, on sait pas trop ce que c'est.

Je vois pas pourquoi on a fait des essais atomiques, de toute façon si c'est la guerre, on attendra les Américains.

La France est le plus gros fournisseur d'armes dans le monde et le plus gros fournisseur d'abbé Pierre, on est vraiment des faux culs !

— L'abbé Pierre, c'est un fouteur de merde payé par l'État.

— Mais bien sûr ! Il va en Yougoslavie quoi foutre ? Vendre des armes, qu'est-ce que tu crois ?!

— Il a des sandalettes à chenilles cet enfoiré.

— Mais bien sûr !

Avant, pour te réfugier, t'allais chez le voisin qui habitait en face, aujourd'hui, pour un réfugié, c'est minimum huit cents bornes !
— Ils le veulent bien, va, ils le veulent bien…

Hooooooooooooo… déjà ! T'es tombé du lit ?

L'accordéon, c'est pour les cons.

La vie quotidienne des pauvres, ça commence le lundi et faut tenir avec la même pour toute la semaine.

Les mecs de la navette regardent même plus la Terre tellement on leur fout du boulot sur les reins.
— Tu voudrais pas les géraniums au hublot non plus !

La Terre, vue de l'espace, tu crois que tu peux tout bêcher dans l'après-midi.
— Et puis ?
— Et puis non bien sûr !

Le corps humain, si tu regardes comment c'est fait, techniquement c'est une merveille.
— C'est une merveille, mais on a quand même pas un grillon dans le cul.

Je comprends pas comment la femme elle arrive à avoir un bébé dans le ventre, et pas le digérer.
— Toi, pour penser à ça, c'est que t'as faim.

… elle a un bébé dans le ventre et moi je dors dans mon camion, c'est pas tellement différent, au fond, surtout qu'on habite au bord de la grande route, la nuit, avec le bruit, c'est pareil…

Les bébés animaux ne tuent pas leurs parents, ou alors des petits serpents qui piquent en tétant, mais c'est pas exprès…

Un adolescent qui va se suicider, moi je le vois à l'état de sa chambre.
— C'est le bordel.
— Non non, c'est bien rangé.

Le môme, seize ans, douze morts.
— Il est devenu fou, il a pris son fusil, il est allé jusqu'au village à six kilomètres.
— Il aime les chiffres ce môme-là…

Du sang partout dans les rues, et comme les rues sont pas larges, ça fait encore pire à regarder…

Un gosse de seize ans qui tue sa mère, dites donc…

— À coups de marteau.

— C'est horrible, quand on y pense, sa propre mère…

— C'est comme si elle meurt des complications de l'accouchement, mais seize ans après…

Quand vous voyez toutes les armes en vente libre, et les fusils, et les carabines, c'est normal que les jeunes finissent par s'en servir, même Chirac, vous lui donnez une bombe atomique, il s'en sert…

Bonjour, glandeurs et décadence !

… une place de stagiaire à quarante piges…

La conversation, c'est secret !

IBM, à l'époque, c'était le nom d'un Indien.

Combien le journal ? Cinq francs ? Ça vaut pas bien cher tout ce qui se passe dans le monde.

Les médecins, quand on leur retire de l'argent, ils parlent, ils parlent, moi, quand à l'hôpital on m'a retiré mon kyste, personne m'a rien dit.

Les médecins, il faudrait les obliger à être malades une fois par an, pour leur remettre un peu les choses en place.

Deux demis ? Pas trois ?

— Deux ! Je suis expert-comptable, alors je sais ce que je bois tout de même !

Les poils du cul, ça pousse comme de l'herbe mais ça fait pas des fleurs.

— C'est pas un endroit pour les abeilles, merci bien !

Moi je l'ai mon Brevet !

… j'ai les oreilles saoules…

Le footballeur est moins intelligent que le rugbyman, le rugbyman est moins intelligent que le tennisman, le tennisman est moins intelligent que le golfeur : c'est le seul qui a un pantalon long.

Des papiers partout dans les bois…

— Pas les amis marcheurs ! Pas les amis de la nature !

Cinquante mètres tout autour d'un bistrot qui marche bien, l'air est plein d'alcool, alors si tu veux prendre ta voiture, il faudrait pas respirer dès que tu passes devant un café ! C'est encore plus dangereux, ah oui !

Il se lave les cheveux avec du Mir laine shampoing.

— Tant qu'il en boit pas.

Personne sur les petites routes mais après, l'horreur jusqu'à Dreux !

Maintenant que les balayeurs sont blancs, on leur a mis du plastique, avant quand c'était des Noirs, les balais étaient en bois.

— Les genêts, y a des piquants ?

— Oui.

— Les ajoncs, y a des piquants ?

— Non.

— Les genêts y a des piquants, les ajoncs y a pas de piquants et les balayeurs disent que le plastique c'est pas bon pour les balais.

Moi, je n'ai jamais parlé avec un balayeur, pourtant ça serait facile, y en a toujours un sur un trottoir.

Un bébé qui naissait, on le voyait sortir la tête, à la télé.

— C'est bidonné !

… à la télé, tout est bidonné.

Il est joli votre papier pour emballer la viande.

— C'est Gutenberg.

Le terre-neuve, c'est le saint-bernard des mers.

— Je connais bien le saint-bernard, c'est très costaud comme chien, c'est un peu le terre-neuve des montagnes.

T'oublies pas, on se voit demain midi à une heure.

— J'oublie pas.

J'avais un pote, il allumait ses pets.

— Tu ferais mieux de chercher du boulot toi.

L'humour n'est plus à la mode, tant pis, on mettra autre chose.

Même le camembert ne sait plus comment se positionner dans notre société.

Camembert, c'est juif comme nom ?

Chirac, c'est un bug.

On a un garçon de ferme à l'Élysée !

Ma hantise, c'est de faire grouic dans l'estomac quand je suis au théâtre.

J'ai un chien pas trop intelligent pour qu'il ne me prenne pas pour un con, l'autre que j'avais avant, il me méprisait, quand on marchait dans la rue, ma parole, il avait honte…

Sept millions par jour !
— Des salaires comme ça, ça rime à plus rien.
— Et celui qui a inventé le système de la capsule sur les bouteilles, tu sais combien qu'y touche lui ?
— …
— Dix centimes la capsule ! Quand tu vois le nombre par jour, ça lui fait des zéros à sa paye !
— Des salaires comme ça, ça rime à plus rien.

D'habitude je travaille mais pas aujourd'hui, exceptionnellement je bois un coup mais normalement j'ai arrêté à cause que je suis jamais malade mais là j'ai chopé une cochonnerie, du coup habituellement je tiens bien l'alcool mais là, deux verres, je suis saoul, à l'occasion je ne suis pas contre mais ce midi c'était pas prévu, rien va comme je veux.

— Ça va pas bien toi.

— Comme un lundi.

— On est mardi.

Cul sec !

Je suis myope, j'aime pas voir clair, quand je mets mes lunettes je m'ennuie, je suis plus chez moi, j'ouvre pas les rideaux quand je suis à poil dans la chambre, je regarde à travers, c'est pareil, comme quand je suis à poil sur le balcon, quand je vois clair c'est ça, du coup je vois tout, j'ai l'impression que tout le monde me regarde, je vois tout, on me voit, je vois pas du coup on me voit pas, si je pouvais rien voir et voir quand même, c'est ce que je choisirais comme maladie des yeux, pour être tranquille, quand j'étais gamin je me mettais derrière le carreau entre l'épicerie et la cuisine de la grand-mère, du verre granulé, on voit que le contour des gens, depuis, c'est le contour que je préfère, comme les petits bateaux qui longent les côtes quand il y a du brouillard, c'est comme ça quand je mets pas mes lunettes, ça me manque pas, disons…

Les extraterrestres n'existent pas ou alors loin.

Le chat a sept vies, tu peux l'abandonner sept fois.

Crotte !... tant pis, je l'ai dit.

J'ai une boule ici... c'est un cancer ça ?
— Mais non, c'est ta couille.

Une vitre, celui qui casse, il paye, sinon, on est plus un grand pays...

Aïe ! Merde ! Fais gaffe, j'ai une côte pétée !
— J'ai tapé dans le dos.

L'Europe agricole, quand tu vois les Allemands qui font pousser des saucisses, t'as peur !

On a qu'à les faire fumer et après les faire arrêter de fumer, puisque arrêter de fumer ça fait grossir, ça fera grossir les affamés.

T'es pudique ?
— Non.
— Pourquoi tu fermes la porte des cabinets ?
— ...?

La police peut pas être partout ! Déjà qu'elle est ici !

Eltsine, il pourrit vivant, il a l'asticot pré-posthume.

Il préfère manger à la cantine de l'école parce qu'il a ses copains.

— Ça en fera un pochetron qui aime ses potes, moi, la cantine, j'y étais tous les midis, ça m'a fait ça.

— On est pas tous pareils.

— Dès qu'on est avec des potes, on est pareils.

Le problème du cadre de vie, c'est qu'il n'y a pas de toile de vie à mettre dans le cadre.

— On reconnaît le peintre qui parle là, on le reconnaît !

La police, il en faut, d'ailleurs j'en suis.

Ils vont utiliser des fusils qui envoient des balles contre les jeunes des banlieues, ils envoient des balles aux jeunes, comme à leurs chiens !

Les avocats, un jour ils défendent les Juifs, le lendemain ils défendent Hitler, le sida serait un bonhomme, on trouverait toujours un avocat pour le défendre.

— La défense est un droit.

— Défendre le sida, sans moi.

Un bébé, c'est bien que c'est petit parce que c'est laid.

J'ai servi la France.

— Je vous ressers ?

— Volontiers… j'ai servi la France…

Un rein en moins, monsieur, un rein en moins !

— Je vous ressers ?

— Volontiers.

Trop d'alcool tue l'alcool, tu conduis comme si rien à condition que tu sais où… où… où tu as garé le véhicule en question.

Il enferme son gosse dans les chiottes pour qu'il travaille ses devoirs, c'est pas un ingénieur qu'il va en faire, c'est une mouche.

Ils ont tout cassé à Jussieu.

— Qui ?

— Les casseurs.

… c'est un gouvernement d'os de lapin qu'on a.

Moi je suis dans le privé monsieur, j'ai qu'à fermer ma gueule parce que si moi je fais grève, c'est la porte tout de suite monsieur ! Dans le public, c'est des nantis qui se permettent de prendre les autres en otage parce qu'ils ne risquent rien, leur patron, c'est le Premier ministre, et le Premier ministre, c'est une merde, alors c'est pas lui qui va les virer !… on est gouvernés par une merde monsieur, que voulez-vous… et l'autre grand con qui se branle dans les chaussettes à de Gaulle, que voulez-vous… la France est devenue une maison de retraite monsieur, alors forcément, ils vont faire chier les retraités, on serait un pays jeune, ils feraient chier les bébés monsieur, ils font chier le premier qu'ils trouvent, on est gouvernés par des gens que nous on pourrait remplacer au pied levé monsieur tellement ils trouvent leurs idées sans réfléchir, c'est ça le problème de la France d'aujourd'hui monsieur, à l'Élysée ça sent pas l'innovation, à l'Élysée ça sent le tabac monsieur, c'est n'importe qui qui dirige, on a voté pour une pomme et résultat on se retrouve avec une pomme qui dirige un pays de vieux, monsieur… et madame… je ne savais pas que vous étiez avec monsieur, madame, c'est pour ça que je ne parlais qu'à monsieur, madame, ce que je dis à monsieur je le dis aussi à madame, monsieur… madame… monsieur…

Dans mon boulot, y a que la retraite qui m'intéresse.

Après la douche, j'ai les couilles, on dirait les Beatles.

Beaucoup d'inventions se sont faites pendant la sieste comme Newton avec sa pomme ou l'autre con avec son hélicoptère…

La jeunesse a plus de repères.
— On est quand même là, nous.
— Nous ? À quelle heure ?

Y a du monde au balcon !
— Y a de la place en salle.
— Non, moi c'est le balcon.

La journée du sida ? Quand ? Aujourd'hui ? Ah bon, j'ai pas vu.

C'est clair aujourd'hui, on dirait qu'il y a eu un changement d'heure encore.
— Non, ça fait matinée.

Avec le téléphone cellulaire, finalement, on en revient au système de communication des abeilles, si j'ai bien compris…

C'est mai 68 qui se prépare.
— En décembre ? vous êtes pas en retard à EDF.

Il est tout mou, un coup de poing dans la gueule, ça lui fait des ronds dans l'eau.

C'est l'Allemagne qui décide la politique économique de la France, je te dis que c'est l'Allemagne…
— Et le…
— C'est l'Allemagne je te dis qui décide.
— Le mark.
— C'est l'Allemagne qui décide.
— …

… à cause de la grève de la CNCF.
— SNCF.
— C'est ma grand-mère qui disait CNCF.
— Vous êtes pas obligée de dire comme votre grand-mère.
— C'est pas ça qui va faire repartir les trains…
— C'est vrai.

— … à cause de la grève de la CNCF, c'est le désert aux Galeries Fayette.

Il a la timidité des vrais cons.

Ces enfoirés d'EDF qui te coupent le jus, et puis d'abord elle est pas à eux l'électricité, la prise elle est à moi puisque à côté j'assois ma femme.

Du vin blanc j'évite d'en boire trop parce que après le lendemain matin, t'es Malraux, enfin moi en tous les cas, je suis Malraux.

On a un microclimat ici, y a que des cons.

… elle est à qui la voiture rouge qui descend toute seule ?

Tout le bas du corps, on est faits comme les animaux.

Le non-dit, pas chez moi.

Nous avons Claude en ligne… bonjour Claude.
— Un pastis.
— Tout de suite, Claude.

Savoir des choses ça sert à rien, tu peux tout savoir en deux secondes maintenant, paf, si t'en as besoin, hop, tu te sers, et voilà, se remplir la tête c'est aussi con que porter un gros cartable au dos, ouf, et tout ce que tu veux savoir d'intéressant ou d'utile comme tu veux ça tient sur une disquette, zlac, tu veux savoir les pays, crac, tu mets la disquette, toc, ou tu les as sur Minitel même, un coup de fil, dring, hop, alors la tête, moi je me la garde pour le boulot et crac faire le con.

— Le chinois pareil, il est sur une disquette.

— Mais ouais, paf, t'as le chinois, et zong ting tong !

À la météo, ils ont des bureaux sans fenêtres, comment veux-tu qu'ils donnent le bon temps, ils voient pas dehors ?

Impossible de trouver les chambres, personne pour renseigner, des panneaux dans le hall et après plus rien, des couloirs, des couloirs, c'est une salade folle de gens malades cet hôpital.

Vous êtes gaucher ?

— Oui, c'est ma marque de fabrique.

… saumon fumé, huîtres, escargots, que du bon…

Qu'est-ce que je vais pouvoir leur acheter, mais qu'est-ce que je vais pouvoir leur acheter ? Donnez-moi une idée, vous.

— Je ne les connais pas… qu'est-ce qu'ils aiment ?

— Rien !

Sur ma tombe, je ferai mettre « ci-gît un branleur ».

— Bon courage, personne te le fera.

… les huîtres, on va les chercher demain…

Le diable, si ça se trouve c'est moi, et tu me parles.

— Je te parle pas, je t'écoute.

C'est possible que ça bouge tout seul un cadre ?

— Je sais pas, faut demander au Louvre.

Un mec qui fait des autopsies toute la journée, le soir quand il rentre chez lui, il est content de mettre les pieds sous la table.

J'ai souvent un moins bon contact avec les enfants qu'avec les animaux, d'ailleurs avec mes enfants on ne s'entend pas bien, ils me mordent.

Brrrrrrrrrr…

C'est pour les enfants qu'on refait un autre enfant parce que si c'était que pour nous, quatre, ça suffit.

J'ai jamais compris pourquoi c'est écrit Pierre Cardin en gros sur les habits, c'est d'un plouc !

Ce qu'il faut savoir, c'est que personne n'aime travailler.

… quand on sait ça, on sait tout.

Brrrrrrrrrr…

C'est bon pour le commerce, tout ce vent glacé.

Hitler, télé, mais de Gaulle, radio.

Pendant la dernière guerre, à part de Gaulle, tout le monde était pour Le Pen.

Le père Noël, j'aime pas la couleur rouge.
— C'est pas pour boire !

Je chante comme Johnny Hallyday mais je suis pas lui.

— De toute façon à cette heure-là, il est pas debout.

Le ?

— Jacuzzi des pieds.

— Le quoi ?

— Jacuzzi des pieds… cet appareil procure à vos pieds un massage tonifiant… le bain bouillonnant est un luxe que vous devez à vos pieds…

— Je leur dois rien à mes pieds.

Noël, c'est la plus belle fête du calendrier, après le prix de l'Arc de triomphe.

Le jour de Noël, à minuit, c'est la nuit de Noël.

Noël, je sais pas qui a eu l'idée, mais c'est une bonne idée.

Vous savez ce qu'il préfère manger dans l'intérieur du crabe ? Le caca orange.

— Et vous lui en faites ?

— Je ne lui en fais plus.

Ça ne se fait plus, la messe de minuit.

— À la campagne.

— À la campagne, il n'y a plus rien, à part la télé… le jour de Noël, à minuit, à la campagne, tout le monde est débile.

Nous, c'est la dinde aux marrons, c'est sacré !
— Elle est bénie votre dinde ?
— C'est une formule.

Attention ! Les sapins coupés viennent de Malaisie et il y a des mygales dedans.
— Ah bon ? C'est nouveau ça… plus ça va, plus c'est compliqué de faire ses courses.

Quand il est saoul, il se guide à l'éclairage public comme les anciens navigateurs.

Tout le monde sort bourré de la salle polyvalente, alors je sais pas où ils sont allés voir qu'elle est polyvalente cette salle !

Vous avez de la famille à réveillonner ?
— Que des connards ! Vous voulez venir ?

Escalope de foie gras poêlé caramélisé, salade de pinces de homard au jus de truffes, médaillon de lotte à la bourguignonne, cœur de charolais en croûte périgourdin, crottin de chavignol chaud en salade et surprise du chef.

— C’est quoi ?
— Quoi ?
— La surprise du chef.
— Un dessert surprise.
— Quoi comme dessert ?
— La surprise du chef.
— Une merde de meringue à dix balles, non non, moi je veux pas me retrouver à deux heures du matin devant une merde de meringue à dix balles, alors ou le chef donne des précisions, ou on va ailleurs ! Non non non… c’est trop sérieux.

… apporte-moi ci, apporte-moi ça, moi je suis impeccable pour ça, si mon mari est paralysé, ça ne me gêne pas, ça ne me changera pas, je ne suis pas comme George Sand, je ne partirai pas avec le docteur…

Noël, c’est pas scientifique.
— Les scientifiques, ils se prennent les cadeaux, comme tout le monde.

L’indépendance du Zaïre, ils doivent se la regretter parce que du coup ils n’ont plus les fêtes de fin d’année comme avant.
— On ne peut pas avoir et les indépendances et les réveillons.

Il faudrait obliger les vieux à porter des costumes folkloriques.

— Ça sera toujours mieux que ce qu'ils portent.

— Les Noirs font ça, traversez les villages africains, vous savez où vous êtes.

J'ai horreur des fêtes obligatoires !

— Tu l'as déjà dit l'année dernière.

— Je le pense.

— Tu l'as déjà dit l'année dernière.

— Bon… on boit quoi ?

— Tu as déjà pris ta cuite l'année dernière.

La religion, c'est inventé par l'homme.

— L'homme est inventé par Dieu.

— Pas dans ma famille.

— Partout.

— Le Père Noël est inventé par Dieu ?

— Par l'homme.

— C'est ce que je dis, le Père Noël, c'est un homme inventé par l'homme, comme dans ma famille.

C'est à Besançon qu'on a été le plus heureux.

— Besançon ? J'aurais pas dit ça.

… moi je bois une cuillerée d'huile d'olive avant pour pas être malade quand je bois…

C'est pas le moment d'être autiste avec toutes les bonnes choses à manger…

… c'est ce que je dis à mon gosse, si tu vas dans un jeu télé, attention à la drogue.

Manipulation mentale et destruction de la personnalité, soif d'argent et abrutissement de la société, la télé, c'est ni plus ni moins une secte.

À force de couper des sapins pour mettre des cadeaux, on rase des montagnes pour mettre des autoroutes !

— Pas de politique pendant les fêtes.

C'est du sapin d'élevage maintenant, les troncs sont tout mous.

Trop de Pères Noël tue le Père Noël.

La cohue dans les magasins, la cohue !

— Y a des Pères Noël ?

— Dix !

— Moi j'amène pas mes gosses, ils vont plus s'y retrouver.

Le foie gras ne fait pas grossir, comme le lard maigre ne fait pas maigrir non plus.

— Tant mieux.

— C'est le nom qui trompe.

— Tant mieux.

… les Rois mages, moi, je leur demande les papiers.

Suivre l'étoile du berger, ça se fait à pied, tu peux pas suivre une étoile et conduire en même temps.

— Tant pis, je suivrai autre chose.

L'islam, t'as pas Noël.

— Y a le ramadan.

— On bouffe pas pareil, excuse, question bouffe c'est pas pareil.

Noël, Pâques, tout ça c'est du pareil au même.

— Pas du tout ! Pâques, y a pas d'huîtres.

Le soir de Noël, j'aime pas prendre le métro, tout le monde bande.

— Ah non, ça c'est la Saint-Sylvestre.

L'abus d'alcool est dangereux pour la santé mais je m'en fous, je suis tout le temps malade.

Quand la banque est contente, c'est mauvais signe pour l'ouvrier.

C'est le premier Noël où je vois autant de clochards.
— Ils font exprès de sortir, pour nous narguer.

J'ai failli renverser mon verre et je l'ai pas cassé.
— T'es le miraculé de Noël.

Avec tous ces Pères Noël dans les rues, moi je tiens mon portefeuille…

C'est de là que vient la légende de Jésus qui marche sur l'eau, des poules d'eau.

Ce soir-là, le hibou ne dort pas.
— …?

C'est ce soir le changement d'heure ?
— …?

Toi, quand t'es bourré, tu bredouilles.

Noël, c'est une fête de famille.
— Nous, on réveillonne en famille.
— C'est la seule fête de famille où toute la famille est malade en même temps.

Ça me plaît pas trop moi, toute cette francophonie…

Houerk.

— Les héros sont fatigués.

Ça me rappelle quand j'étais petit.

— Quoi ?

— Tous ces cons avec des paquets.

La neige, c'est silencieux, un chanteur dans la neige, on ne l'entend pas.

Les trottoirs, c'est une vraie patinoire ! Et la mairie qui a même pas salé !

— Tout le sel, ça va dans la soupe du maire.

À Noël, j'ai toujours le cafard.

— C'est pas fait pour des gens comme nous… nous, on a notre arrivée du beaujolais nouveau.

— Le beaujolais nouveau, j'ai toujours le cafard.

— Alors toi, tu vieillis mal !

Sur les images, ils feraient bien de remplacer les rennes du Père Noël par des fusées.

— Des rennes qui volent, à mon avis, c'est beaucoup plus moderne que des fusées en fer.

On redevient tous des enfants.
— Pas moi !

Si t'encules le Père Noël, après il ne passe plus que tous les deux ans.

L'huître, elle est juste à la taille de la coquille, il n'y a pas une pièce en plus dans une huître, vous avez remarqué ?

Les huîtres, elles foutent rien, elles se font manger, c'est tout.
— Comme les poules.
— Une poule ça picore.
— Comme du veau.
— Du veau ça tète.
— T'as raison, y a que les huîtres.

En deux jours, on mange en huîtres la distance de la Terre à la Lune.
— J'ouvre pas le haut de la pile.

Quand on se regarde de près dans les boules, ça fait un gros nez.
— J'ai plus l'âge.

Normalement, c'est une fête pour les pauvres.
— T'occupe, bois ton mousseux.

Sur les autres planètes, c'est Noël aussi, mais les cadeaux sont perdus puisque ça n'est pas habité.

Le foie gras, c'est une maladie du foie, comme nous, mais avec des truffes.

Quoi de plus virtuel que le Père Noël ?
— Le boulot !

Je bois encore plus le jour de Noël que tous les autres jours parce que boire encore plus ça donne un petit air de fête.

Celui qui a inventé Noël c'est un mec qui devait tenir un magasin.

Pour moi, la langouste, c'est du Alien mayonnaise !

Les vraies bougies sur le sapin, c'est joli mais c'est dangereux, on veut faire plaisir aux gamins et au final, on les fait cuire, à la limite, pour faire cuire les gamins, il y a d'autres fêtes pour ça, je dis bien, à la limite…

Ma hantise, c'est les paquets-cadeaux.

— Achetez-lui du bonheur, ça fait toujours plaisir et y a pas de paquet à faire.
— Un coup de pied aux fesses, oui !
— Pareil, ça s'emballe pas.

J'ai jamais vu une ancienne pute faire le Père Noël.
— Franchement, une ancienne pute ressemblera toujours plus au père Noël que n'importe qui.

Il faisait faire son chien sur la neige !
— Où ?
— Dans le square, sur la jolie neige.
— Je vous jure…
— Personne avait encore marché, c'était tout blanc, même dans les arbres !
— Il a fait chier son chien dans les arbres ?

C'est joli, toutes ces lumières.
— C'est les lumières de Noël.
— On dirait des étoiles.
— C'est la mairie qui organise ça tous les ans avec les commerçants.
— Ça fait comme des bouts de ciel dans les arbres.
— On donne ce qu'on veut, j'ai donné dix francs.
— Dix francs, pour une étoile…
— Vous faites de la poésie ?

— Un peu… j'apprends.
— Y a une école de poésie dans le coin ?

Grouic… grouic… grouic…
— T'as bouffé une chorale ?

En Inde, pour les grandes fêtes, ils déterrent les morts et ils les installent à table pour un festin, il y a la femme à un bout, l'homme à un autre bout, et tous les morts.
— Je vois, en Inde, c'est la femme qui débarrasse pendant que le mari boit le café avec les morts.

Je vais péter fort, si il l'entend, pour un sourd c'est un beau cadeau.

On mange du foie gras ! Du saumon ! De la dinde ! Alors qu'il y a plein d'enfants qui meurent de faim.
— Les enfants qui meurent de faim, ça se garde, on les mangera demain.

Les huîtres pas mangées, on les donne à manger aux homards qui restent, c'est une sorte de chaîne alimentaire de tout ce qu'on a pas mangé.

Un Noël, il y a dix ans, je me souviens comme si c'était hier, j'ai été malade comme un chien.

— Mais non, ça, c'était hier… je me disais, il a une drôle de mémoire lui.

Le boudin blanc, c'est ce qui a détruit beaucoup de familles pendant la guerre.

Avant, on ne trouvait du boudin blanc que pour la période des fêtes, rien qu'en voyant du boudin blanc on savait que c'était les fêtes, maintenant vous en trouvez chez le charcutier toute l'année, en voyant du boudin blanc on ne peut plus dire, c'est les fêtes, on est pendant les fêtes, non, ça, c'est fini, petit à petit on a réussi l'exploit que le boudin blanc ne veut plus rien dire, en presque pas de temps !

Les coquillages pourris, ça va vite, tu meurs, les autres sont encore à table.

Si tu vas chez le Père Noël, après bouffer, tu peux te taper sa femme, il habite au pôle Nord, c'est les mêmes coutumes que chez les Esquimaux.

Les huîtres, c'est un peu bas de plafond.

Je m'enferme et je réponds même pas au téléphone, j'ai horreur de Noël.
— Tout le monde dit ça.

Le chocolat fait grossir quand t'en manges, sinon… le chocolat ou rien, c'est pareil.

Le premier caca qu'on fait après Noël, on devrait pas le jeter.

À Noël, tout le monde est heureux, sauf les morts, mais ceux-là, ils ne sont jamais contents.

Pour Noël l'année dernière, il voulait un petit frère et c'est sa grand-mère qui est morte.
— Ah oui, c'est pas du tout le même cadeau.

La bulle de champagne, c'est la mieux habillée des bulles.

Ils font des dindes énormes maintenant, comme des autruches, pour les farcir, t'ouvres le cul et tu pousses un nain.

Le soir de Noël, tous les gens pas égaux sont égaux et tous les gens égaux continuent comme d'habitude.

Au milieu des truffes, ils mettent des boulets de charbon.

— Chez Fauchon ? Ça m'étonnerait.

C'est mon deuxième Noël sans travail.

— Faut pas que ça vous empêche de passer de bonnes fêtes.

— Le troisième Noël comme ça, je me pends au sapin.

— Faut pas que ça vous empêche de bien manger.

— Vous écoutez pas ce que je dis.

— Vous avez pas de travail mais vous allez quand même faire un sapin, c'est bien.

— C'est pas grave…

— …?

— C'est pas grave, c'est rien…

Ça fait pas plus mal à une oie d'être gavée qu'à nous de se gaver d'oie, je réfléchis comme ça moi, en me mettant à la place, eh bien, en oie, je me plains pas.

… c'est mauvais la crème au beurre, ça passe directement dans le sang.

Le soir de Noël, si on boit pas, on sait pas quoi dire.

Le bigorneau, c'est tout noir là-dedans, c'est un mollusque qui roupille tout le temps.

Jésus est né le jour de Noël.

— C'est con, parce que ça lui fait le même jour Noël et son anniversaire.

J'ai suivi l'étoile du berger jusqu'aux Artistes, après jusqu'à la Bolée, après jusqu'au Styliss et après jusqu'à l'Aubrac…

— C'est une étoile qui a pas peur de marcher !

Il faudrait que tout le monde invite un pauvre.

— Je préviens tout de suite que j'aurai pas le temps d'aller chez tout le monde !

La Sainte Vierge a accouché à minuit, le réveillon, elle a rien vu !

Les noces de Cana, c'est forcément un repas de Noël puisqu'on voit pas les mariés.

Jésus, il est propre dessus mais alors, en dessous…

Dieu n'a pas reconnu l'enfant, il n'est pas allé à la mairie.

Aujourd'hui, la Sainte Vierge accoucherait dans une clinique et ça serait filmé…

Un bel os à moelle.
— C'est pas assez comme cadeau.
— Une entrecôte.
— C'est trop.
— Bon, hein, il aura pas de cadeau, il me fait chier ce chien !

J'en mange pas de l'oursin, on dirait du sida.

En Afrique, ils décorent les bites des éléphants.
— T'es vraiment con toi…
— Faut bien, y a pas de sapin.

L'horreur, c'est choisir les cadeaux.

Une cravate pour lui, un peignoir pour elle.
— Tu t'es pas cassé la tête.
— Ça fait deux jours que je réfléchis !

Marre ! Marre ! Marre ! Crevée ! Vous verriez la cohue dans les grands magasins ! Ah dites donc ! Vivement la guerre !

Quand je suis ivre mort, à dégueuler partout, à taper sur tout le monde, j'arrive quand même à être raisonnable, je conduis pas.

Dans le marché couvert, un sapin, un grand, un beau, bien décoré, avec autour plein de cons qui regardent, ce sapin-là, plein de guirlandes, il a l'air plus intelligent que les gens !

Si tu glisses sur le trottoir en sortant de la pâtisserie, le pâtissier est en devoir de te rembourser la bûche.

— Un mec qui est tout le temps dans la pâte à choux a aucun sens du devoir de rien… il est ailleurs.

— …

— Ailleurs.

La bûche, c'est bourratif, c'est pour ça qu'on l'appelle la bûche et pas la brindille.

Chamonix, illuminé, ça fait décor de théâtre.

On dessaoule deux fois plus vite à la montagne qu'à la mer, c'est pour ça que le réveillon se fait l'hiver.

Une étoile qui meurt, ça fait pas pleurer les autres.

Noël, Père Noël, cadeaux, sapin, bouffe, c'est bien ficelé comme idée.

Vous irez à la retraite aux flambeaux ?
— Je suis à la retraite, je porte pas de flambeaux.

Normalement, pour le réveillon, on mange à minuit.
— Moi, à minuit, j'ai deux chaussons dans l'estomac.

Même après la fin du monde, les Noëls continueront puisque ça ne dépend pas de nous.

Noël, ça donne envie d'avoir des enfants.
— Une semaine après, vous jouerez déjà plus avec !

J'aimerais bien un jour voir un accident avec un camion de boules.

On boit trop, on mange trop, mais d'habitude aussi, alors…

Le boudin blanc, c'est du sang de navet !

La dinde, le 23 au soir, elle dort pas.

Le sapin, si il est dans la même pièce, il fume autant que nous.

Un jour de boulot par an, Père Noël, c'est pas un travail, c'est un stage.

Vu la corpulence, normalement, le Père Noël a des grosses couilles.

Elle va passer son Noël à l'hôpital.
— À son âge, c'est normal.
— À son âge, le normal, c'est qu'elle soit morte.

On prend un petit sapin en pot, avec les racines, parce qu'on ne veut pas d'un petit handicapé sur le buffet.

Les cuisses de grenouille, faut bien les laver sinon ça sent les pieds.

À l'école ils ont dessiné des sapins, le sapin, il faut le mettre dans une enveloppe et l'envoyer à l'association qui va renvoyer un formulaire à remplir pour adresser le chèque qui partira chez le trésorier qui doit passer la commande pour les enfants de la Bosnie.
— Eh bé putain, ils les auront à Pâques leurs cadeaux…

… pour nous, c'est un jour ordinaire, on va regarder les conneries de la télé en mangeant.

Ça nous fait combien de Noëls sans Joe Dassin ?

Tu me réveilleras après les fêtes…

Excuse-moi, mais une merguez, ça fait pas Noël.

Un con qui skie dans la neige, c'est facile de le suivre à la trace.

La neige, ça fait comme un manteau blanc, et des fois, y a une file de randonneurs qui chient, ça fait les boutons.

Je vais aller chercher ma boîte de chocolats au sapin de Noël de la mairie.

— Traînez pas, sinon vos chocolats, vous les retrouverez dans les comptes du RPR.

Si vous lui achetez un animal, achetez un poisson, ça monte pas sur les fauteuils avec les pattes pleines de boue.

En face du kiosque à journaux, j'ai un écailler qui bouge tout le temps, ça me fout le mal de mer…

Plus de Noëls et moins de guerres.

— Plus de Noëls et moins de grippes, les guerres on verra.

À Noël, il faudrait que tous les gens qu'on a aimés ressuscitent.

— Vous trouvez pas qu'on est déjà assez dans la rue piétonnière ?

On sent mieux la présence de Dieu.

— Le chien, il a rien senti.

C'est un sapin dans le même plastique que celui pour faire les rotules des opérés des genoux, c'est un sapin qu'on jette pas tous les ans, ou alors il faut jeter aussi les genoux.

Le plus triste, c'est la semaine d'après, tous les sapins sont fanés sur les trottoirs, on se dit qu'on a été bien con d'en acheter !

C'est les cons qui vont au ski, des fois ils y vont, y a même pas de neige.

C'est une question de moulage, tu peux donner au boudin la forme que tu veux, un cœur, une marquise…

Il a fait une jolie crèche avec de la choucroute pour faire la paille et une petite saucisse pour faire le Jésus.

— Il est doué ce charcutier.

— C'est surtout l'idée qui est bonne, à réaliser, c'est pas trop sorcier.

— Oui, c'est en idées qu'il est doué ce charcutier.

On va bouffer chez un con.

— Moi aussi j'ai des gens qui viennent.

Les anges qui bouffent trop ne peuvent plus voler, ils rentrent en taxi.

Dans un ange, pareil, t'as deux cuisses et deux blancs.

Les huîtres ont qu'à se syndiquer !

Noël, avec deux « l » ça volerait mieux.

Noël, c'est surtout pour les enfants qu'on le fait, si y avait que nous, on ferait une soirée sangria à la place…

Je retournerai à la messe quand les curés retourneront au bistrot !

Le sang du Christ, pour Noël, ils mettent des bulles dedans.

Pour les gens seuls chez eux, y a la télé, et pour les gens seuls dans la télé, y a ceux qui les regardent.

J'ai mal dormi, j'ai rêvé d'une série de casseroles, c'est mauvais signe pour les cadeaux.

Je suis tout le temps toute seule, vous verrez que je serai morte qu'il faudra encore que je supplie poliment les asticots…

Je veux bien payer des impôts pour les illuminations, mais alors qu'ils illuminent pas devant ceux qui sont pas imposables.

La joie, ça fait secte.

Je suis allé chez le docteur, à la pharmacie, finalement, le mal au foie, ça crée des emplois.

Les cosmonautes vont passer le réveillon dans l'espace, c'est bien, tu peux faire du bruit.

Avec mon chat malade, j'ai pas tellement envie de m'amuser…

Ses bûches au pâtissier, c'est des bûchettes, alors moi je dis stop, on est pas des Rwandais !

La dinde, c'est sec, ça bourre, on dirait que c'est farci au dictionnaire.

Noël c'est « cuite », en latin.

Le cerveau, la main, l'œil, l'oreille, tout travaille quand tu fais le sapin…

… un gibier, ça se digère bien, c'est plein de campagne.

Le renne, ça se bouffe le renne…
— Tout se bouffe, même les luges.

J'ai été enfant de chœur, on volait des sous dans la quête et avec les pièces on allait s'acheter des sacs de jésus en sucre, au fond, l'argent sortait pas de la famille, ça partait dans la religion mais en passant par l'épicerie…

On est mieux là qu'au cimetière.

Jamais j'ai battu le gosse, jamais, ça ne sert à rien, la gifle elle rentre ici elle ressort là, dix minutes après il ne s'en souvient pas, je tire les oreilles, c'est tout, ça suffit, pas la peine de faire mal, je tire ici au bout, c'est tout, l'oreille devient rouge, mais rouge, on dirait de la crête de coq, je tire avant que des gens arrivent, les gens voient ses oreilles rouges et ça lui donne une bien meilleure leçon qu'une gifle, il a l'air d'un idiot, une gifle, vous en faites un martyr, en plus je n'ai pas le droit, légalement, je n'ai pas le droit, en tirant les oreilles vous en faites un idiot, personne n'a l'air intelligent quand on lui tire les oreilles, il est malheureux, je le sais, il pleure, ça le terrorise, c'est la seule leçon qu'il comprenne, il s'enferme dans sa chambre mais je le fais sortir et tous les invités le voient, l'autre jour, c'était le gardien, je lui ai montré les oreilles du petit, il riait, il riait, le gardien, pas le petit, il riait, il a ses oreilles toutes rouges aussi, il disait au petit qu'ils avaient les mêmes oreilles, vous auriez vu la scène, personne n'a l'air intelligent avec des oreilles comme ça, alors là c'était unique, je vous le dis, toutes ces oreilles dans l'entrée, le gardien ne rentre jamais plus loin que l'entrée chez nous, c'est un principe, l'entrée c'est fait pour ça, quand il y a un problème dans l'immeuble ou même pas de problème, une simple discussion comme ça de convivialité voyez, l'entrée elle est pas grande, elle est jolie mais elle est pas grande, je mets le petit dans l'entrée à côté du petit tapis du mur pendant qu'on parle et il pleure, il pleure, j'aime autant vous dire qu'après, il pisse moins, c'est comme ça que je les dresse, je le prends à la maison un jour par semaine pour qu'il sorte un peu de chez lui, les parents sont d'accord, c'est un petit animal, comme sa mère, comme son père, toujours on ne sait pas où ils sont, chez eux, ça ne répond jamais, et l'enfant vous croyez qu'il répond quand on l'appelle, pensez, comme les parents, il est derrière la porte, silencieux, il arrête de respirer, vous n'entendez même pas la respiration, il ne respire plus, qu'est-ce qu'ils ont dans le crâne toute cette famille, qu'est-ce qu'ils ont à ne plus respirer quand ça sonne, comment vous voulez faire travailler des gens comme ça, on leur demande de passer à la mairie, ils ne répondent pas, ils entendent ce que vous dites, ils comprennent, ils sont français, ils ne répondent pas aux questions, lui, le père, il a tout le temps les paupières qui tremblent, il ne boit pas, non, il a le cœur qui bat dans le cou tout seul, on le voit, ici, là sur le côté, je lui parle, ça lui tape, ici, je lui dis de s'asseoir, non, debout, tout le temps debout dans un coin, pour lui parler je dois aller dans le coin où j'ai mes étagères en fer, comment voulez-vous faire avec des gens comme ça, comment, comment, comment, alors le petit je lui tire les oreilles parce qu'on voit bien que des gens comme ça, on ne peut pas les taper, on les tuerait et de toute façon, ça ne leur fait rien, c'est pas un langage qu'ils comprennent…

Dans les ventres des mamans ça sent le bonbon.

— Dès que je mets le pied dans une pâtisserie, j'achèterais tout, alors que la charcuterie me laisse froide.

Il est laid son bébé, il est laid, à mon avis la maman elle a fait caca et ils ont mis les chaussons…

On apprendra l'anglais au bébé dans le ventre de la maman.

— Accoucher d'un Anglais, merci bien !…

On n'a pas le droit d'expulser les gens pendant l'hiver.

— C'est des excuses à la con, ce matin je suis sorti comme ça sans le pull et j'ai pas froid.

C'est au service militaire que j'ai appris à me laver les pieds, sans le service militaire, je ne me serais jamais lavé les pieds.

Entre la tête et les pieds j'ai un degré de différence de température, pas vous ?
— Chacun a son corps humain.

… au foot c'est tous des cons, à part le ballon.

Le service militaire, on peut dire le mal qu'on veut, n'empêche c'est au service qu'on commence à picoler…

Les jeunes sont de plus en plus violents.
— Justement, c'est pas le moment de supprimer le service militaire.

Je préfère un président trop malade à un président trop en forme, en ce qui me concerne.

Les diplômes servent à rien, moi par exemple j'en ai pas de diplômes, eh ben, on dirait que j'en ai.

Les Américains font ça, ils tuent les condamnés avec une piqûre, non seulement on te tue, mais en plus t'as une piqûre.

Quand on habite au bord de l'eau, faut pas s'étonner d'être inondé, pas vrai.

— Un mètre d'eau dans la cuisine !

— Les gens inondés, le mètre d'eau il est toujours dans la cuisine, et quand on habite à la montagne faut pas s'étonner de se retrouver sous l'avalanche… Vous habitez dans le quartier, vous ?

— Près de l'église.

— Vous avez le curé chez vous ?

— Justement oui, des fois le dimanche dans la cuisine.

Avec la drogue c'est de l'accoutumance alors qu'avec l'apéritif, c'est rien que de l'habitude.

… mais à la télé, tout le monde en fume du cannabis, sauf à « Trente millions d'amis », et encore, c'est pas sûr…

Avec la drogue en vente libre, le drogué pourra faire son Loto chez le tabac de drogue.

Les machines ont remplacé ceux qui travaillent, mais vous verrez qu'un jour, elles remplaceront aussi ceux qui ne font rien.

Cinq cents chaînes, ça fait douze mille heures de télé par jour.

— Pour les gens qui sont tout seuls, après tout…

… les gens n'aiment plus réfléchir.

Au « baby-boom » a correspondu un « apéro-boom » puisque tous les bébés sont arrivés en même temps ici.

Nous, on disait la capote, pas le préservatif, mais c'était l'époque où c'était pas encore un médicament.

L'homme a de moins en moins de spermatozoïdes, après faut pas s'étonner qu'on supprime l'armée.

Plus de boulot.
— Plus d'armée.
— On peut plus faire grève, on peut plus déserter.
— Ils ont tué l'indiscipline !

Sur les manèges t'as plus les cochons, t'as que des fusées.
— Square des Batignolles, t'as les cochons.
— Oui, mais dans quel état aussi… faut voir comment ils entretiennent les fusées et comment ils laissent les cochons.

— Un cochon, t'as rien à faire dedans comme entretien.

— Faudra pas venir pleurer sur les cochons qui se dévissent, d'ailleurs ils les laissent se rouiller exprès pour les changer, de toute façon les gosses montent plus que dans les fusées.

— Si les gosses aiment que les fusées, après tout, c'est normal de laisser tomber les cochons.

— Ah non ! il faut entretenir à égalité par respect pour le manège, les gosses plus tard remonteront sur le cochon, quand la mode idiote sera passée, ils seront bien contents d'en trouver…

Il y en a tellement des gènes, tellement…

La molécule, si ça c'est pas du branlage de mouche !

Les gens heureux, les gens malheureux, c'est pas la peine de leur mettre des pancartes, le lendemain ça a changé tu sais plus qui est quoi…

En leur nourrissant un globule rouge sur deux, tu économises un repas par jour et tu peux sauver plein de petits Noirs en attendant mieux.

La couleur des blés, elle est pas aux poètes, elle est aux paysans…

Le meilleur fusil pour tuer le temps c'est le chat.

Le violeur était un bon père de famille.

— Les bons pères de famille, faut s'en méfier, c'est eux qui couchent les gosses.

Les danseurs classiques qui dansent pour leur plaisir, c'est les mêmes que tu retrouves à poil sur leur balcon le matin.

… la neige, en ville ça nous complique plus qu'autre chose, à la campagne c'est joli mais en ville pour rouler, ça nous complique, regardez comment la neige reste, regardez, personne ne l'enlève, c'est entre les mains des Juifs, je n'ai rien contre, au contraire, mais les journalistes de la télé, de la radio, tous les hommes politiques sont financés par eux, je paye mes redevances, comme tout le monde, je ne suis pas contre eux, c'est même une race supérieure à nous, regardez comme ils sont à la télévision aux informations, ce sont eux les plus grands journalistes de métier, ils ont fait renvoyer tous les Arabes d'ailleurs des postes de commande, je vous parlais de la neige et voilà, on en revient à parler d'eux, une fois de plus…

Suicidaire mais en buvant des bons produits, ça peut durer trente ans !

Ça se voit facilement quand le sportif est dopé, il gagne plein de fric.

Souvent je mets la robe rose parce qu'elle est fantaisie mais c'est quand même pas un drame, et il me traite de déguisée en capote ! Il aime pas quand je suis belle, quand je suis belle il me traite d'étrangère !

C'est pas parce qu'il fait froid qu'il faut me traiter de grosse conne pleine de graisse ! Ils ont tous les culots ces SDF !

La pluie, ça la fait friser comme une dictée à virgules…

Ils ont l'air fin cette tribu avec leur zizi dans un tuyau d'arrosage !

La France, c'est un pays de nudistes.

Ça sent bon, ça donne faim.
— C'est le pouvoir des odeurs, madame.

On ne peut pas intéresser des mômes à la lecture avec du Maupassant.

— Maupassant, c'est pas d'hier en attendant.

Y a des cons partout, et y a des gens extraordinaires partout.

— Duras, j'en ai lu et puis après j'en ai plus lu, maintenant qu'elle est morte je vais peut-être en relire et après, j'en lirai plus, c'est comme ça que j'ai toujours fait, avec Duras…

— Elle, elle est bien, sans plus… peut-être pas si bien au fond… qui sait… bien, pas bien, conne ou extraordinaire… c'est selon…

— Selon quoi ?

— Selon moi, je suppose… ou vous… c'est pareil…

Ça doit sentir bon un PDG de brasserie.

J'ai quatre vrais amis que je compte sur les doigts de la main, et le pouce… je sais pas qui c'est.

On te retire de sous l'avalanche pour te mettre dans la terre ! je vois pas l'avantage, enseveli, c'est plus joli que enterré et en plus enterré, c'est payant.

Les scientifiques ont souvent rien qu'un petit pois dans la tronche, ils ne voient pas plus loin que le bout de leur nez.

On peut mettre beaucoup plus de choses dans l'espace que dans le temps, question place.

On piétine, on piétine, j'ai horreur de ça moi…

Je suis érémiste, mais autrement je suis ébéniste, c'est presque pareil.

Son foie à Marcel c'est son talon d'Achille.

La machine à laver, c'est le premier enfant du couple.

De quel droit à la Poste vous mettez les saints du calendrier ?

— C'est pas nous.

— Et la séparation de l'Église et de l'État ?

— Moi j'en sais rien, je m'en fous.

— En France, tout le monde se fout de tout !

Un père pédophile, c'est pas un exemple non plus pour les gosses…

C'est pas fait pour ça !

Le calendrier chinois, t'as pas des pompiers chinois qui passent te le vendre chez toi…

Un homard, on peut pas se moquer du physique.

Il est susceptible parce qu'il est vieux.
— Tu nous fais chier avec ton hérisson !

C'est Michel Noir qui a cinq gosses je crois ?
— Une femme qui a eu dix enfants, c'est plus une femme.
— Il est en prison d'ailleurs je crois.
— À cinq faut les mettre en prison.
— Il y est pas pour ça.

Je sais pas si ça aidera l'économie, mais j'ai acheté des petits bols.

Y a quoi dans le journal ?
— Rien, comme d'habitude.
— Au fait, elle est rentrée la connasse de l'espace ?

Qu'est-ce que vous avez dit ?!
— Va te faire enculer !
— Non mais avant ?

Y a pas de robots intelligents !
— Y en a pas des cons non plus.

— Non plus, il est intelligent si t'es intelligent, il est con si t'es con, le robot… c'est héréditaire en fait.

Je t'ai pas servi toi ?
— Ben non.
— T'es tout le temps là, je te vois plus.

Quand on parle à haute voix on entend mieux ce qu'on dit, en tout cas moi ça me fait ça…

C'est un alcool qui fait partir en arrière.
— Moi ça m'arrange, j'habite par là.

La princesse Stéphanie c'est un travelo, tu parles ! bien sûr, t'as vu les photos ? la baraque que c'est ! cette gonzesse ? c'est un mec, ben tiens, sinon ça ferait deux princes ! à Monaco ! il s'est fait opérer le mec ! obligé ! le prince, couic ! une princesse !…

L'alcool, le tabac, la fatigue, tout ça, à ce qu'il paraît, ça fait baisser la qualité des spermatozoïdes.
— Je m'en fous, c'est pas pour faire du ciment.

Je suis d'accord avec Le Pen, d'ailleurs la preuve, je suis né à côté de chez lui.

D'avion on voit les pistes d'atterrissage pour les ovnis de chez les Aztèques mais maintenant elles sont désaffectées.

Si t'es miraculé, après faut faire construire une église, t'es pas dans la merde.

On est loin du ciel avec ce pape-là, ça parle que de son trou du cul.

Le pape, il peut pas rester crever chez lui celui-là ?

C'est la sixième opération depuis qu'il est pape !
— J'ai moins d'emmerdes avec ma bagnole !

J'aurais bien voulu être dans un trou de souris pour voir l'opération du pape, ils ont le droit de lui toucher la bite, tu crois ?
— Mais non, ils ont pas le droit de lui toucher la bite !
— Il est endormi, ils font ce qu'ils veulent.
— C'est surveillé.

Les scientifiques ont rien inventé depuis trente ans, l'avion, c'est fait, le bateau, c'est fait, la voiture, c'est fait, la fusée, c'est fait !

Shakespeare, il serait resté coincé dans l'ascenseur tout le soir de Noël tellement c'est un tragédien celui-là !

« La mort subite du nourrisson », on dirait un nom de bière.

C'est dans les magasins de pédés que tu en trouveras un de slip avec un trou derrière pour Halloween.

T'as lu ça encore dans le journal ? Putain… la mairie de Paris… ils ont volé les maisons des Juifs pendant Vichy et en ce moment c'est des mecs de la télé qui habitent dedans, putain, et des ministres avec leurs pouffiasses… ça finira mal, moi je le dis, ça finira mal !

— Moi je m'en fous, moi, un appartement juif gratuit j'habite dedans, pourquoi c'est toujours des ministres ?

Vous voulez des jours de congé les filles ?

— On est en vacances.

— Vous voulez des congés maladie ? Embrassez-moi les filles, j'ai la crève !

— …?

— …?
— …?

Avec une femme diplômée, moi c'est non.

Van Gogh, ça ne se vend plus, c'est fini.

🍷

Une poupée et une panoplie de connasse, ça suffira bien !

Ils ont trop de jouets.
— C'est comme ça qu'on fabrique des chômeurs.

… j'espère que j'aurai pas un livre !

Nous on se casse pas la tête, c'est les huîtres et le boudin blanc et la dinde et la bûche, si c'est pour se casser la tête autant faire le ramadan arabe.

Avec les Arabes qui vont nous envahir, ça va être vite réglé l'Europe.

Mon mari est mort il y a dix ans, il est mort subitement, il sait pas qu'il est mort.

… ma mère, c'est les frontières du réel tellement elle est con.

C'est un chat !
— Tu lui expliques tout à ton chien ?

Morts de froid en pleine ville !
— Un demi.
— Vous êtes courageux de boire du froid avec ces morts de froid.

Le froid, à la limite je préfère le chaud.

Six morts de froid en une semaine ! Ils le font exprès ou quoi ?!

C'est la Sibérie, regardez, j'ai le nez bleu.

C'est quand il fait moins dix dehors qu'on regrette de pas avoir bien travaillé à l'école.
— C'est exactement ce que je dis à ma fille.

Bouddha, à côté de Jésus, c'est la mère Sardou.

Elle est plus tellement au diapason la petite Paradis.

Jack Lang, coup de boule direct !

Un peu de neige et les trains marchent plus.

— Ils les faisaient rouler jusqu'aux camps leurs trains pendant les hivers que c'était la guerre !

C'est honteux ce froid !

Une ville de huit millions d'habitants réchauffe moins qu'une paire de chaussettes !

Putain quel froid !

— S'il en restait quelque part des dinosaures, ce coup-ci c'est sûr y en a plus.

Ils veulent qu'on trie nos déchets comme si on était des bêtes !

Bonne année les branleurs !

Ils l'enlèvent le Louvre, moi ça me manque pas.

T'es bourré, tu peux plus rentrer, tu mets ta balise !

C'est pas parce que t'as la casquette que t'es marin.
— Non, mais c'est mieux.

Le premier écologiste, pour moi c'est Tarzan.

... l'Algérie redeviendra française quand il n'y aura plus d'Algériens, ça se fera naturellement, vous verrez...

... c'est malheureux à dire, mais on n'en a pas zigouillé assez pendant la guerre d'Algérie...

C'est dur de vivre seul, et en plus dans la cité on est mille.

Il habite une jolie maison.
— Avec sa tête de con ?

Un qui a eu une belle vie, c'est Tarzan.

Une bombe atomique sur Ajaccio, avec moi ça serait vite réglé !

Elle est médium de naissance, elle les mérite bien ses lauriers d'or de la voyance.

Tous les ans on découvre des nouvelles étoiles, c'est pas pour ça qu'il y en a plus.

Quand l'Amérique va se réveiller, tu vas voir le bordel !

Arrête un peu ! Il est toujours pendu à mon verre c't'enfant !

Les marrons glacés on en voit plus, c'est plus la mode ou quoi ?
— La mode ? Elle a autre chose à faire la mode !

Ça fait vide sans le sapin chez nous, on dirait qu'on a été saisi.

Y en a beaucoup des pochetrons qui vont chez le dentiste ?
— Comme dans la vie, la moitié.

Je veux pas qu'on dise dans le quartier que François c'est un enfoiré, c'est pas vrai que j'ai téléphoné depuis la Normandie pour la bonne année ?
— …
— C'est pas vrai ?
— …
— Salaud !

Les Américains au moins ils ont le respect du public !

Il veut pas me payer la demi-journée, je pourrais lui pisser à la raie mais je suis trop diplomate.

De Niro, quand il grossit pour un film, c'est à ses frais.

La retraite à cinquante-cinq ans c'est du bidon, personne n'arrivera à cinquante-cinq ans avec un travail maintenant, personne ! Si t'arrives à cinquante ans avec un boulot, tu mérites la médaille !

Tuer sa mère à coups de couteau à sept ans, c'est une forme de génie.

Si t'es pédé tu le dis toi ?
— Non… et je le suis pas en plus !

Il ne sait ni lire ni écrire, c'est pour ça qu'il donne des bons coups de boule.

Je me suis réveillé à une heure du matin ! heure française !

L'ENFANCE DE L'ART

L'échographie, c'est comme si vous passiez votre cadeau de Noël aux rayons X.

C'est de la responsabilité un bébé.
— Moins qu'un gros camion.

Le vin rouge c'est bon pour le cœur.
— Ça a la même couleur d'ailleurs.

Les pédophiles, y en a que pour eux maintenant.

On ferait moins de gosses, y aurait moins de pédophiles !

Le violeur de gosses, t'as vu le brochet qu'il a sorti ?
— Faudrait pas leur vendre la carte à ces mecs-là.

On torturait en Algérie mais nous, on égorgeait pas !

Les deux tiers des accidents de voiture se passent à moins de quinze kilomètres de chez soi.
— C'est vrai, moi j'ai foncé dans mon mur.

Quand tu roules plus vite, t'es moins dangereux puisque tu es moins longtemps sur la route.

Y a un « s » à Sancerre ?

— On va être obligés d'acheter une bouteille pour savoir.

Un joli plateau de fruits de mer, faut que ça fasse Facteur Cheval.

Les pédophiles ? moi je gagne au Loto je m'achète une guillotine.

— Tu manges pas le blanc de ton œuf ?

Ils les violent, ils les étranglent…

— Et encore on sait pas tout.

C'est une perversion des pays riches, les pauvres couchent pas avec leurs gosses !

— Ils les vendent, c'est pas mieux.

Pédophile admettons… les filles… à seize ans maintenant elles font vingt d'accord mais pas avec des bébés de cinq ans !

— Avec les produits qu'on leur donne en plus à cinq ans ils font moins, c'est dans le tiers-monde qu'à cinq ans ils font plus.

— C'est eux qu'on utilise en pédophilie le plus souvent, le tiers-monde.

— Le tiers-monde, c'est tous des fous là-dedans.

Tout le monde est plus ou moins pédophile dans les îles.

Je sais pas comment j'ai fait quand je suis sorti du ventre de ma mère parce que en général j'aime pas qu'on me regarde.

Je serais une femme, je m'en mettrais quatre des prothèses mammaires.

Les larmes, c'est de la pisse qui raconte.

C'est la RATP qui amenait les enfants juifs à Drancy, alors moi je prends mon vélo...

On a eu les anciens francs et les nouveaux francs, on aura les anciens euros et les nouveaux euros pareil vous verrez...

Enceinte de sept enfants... la mère c'est un petit bus.

Plus de sept, c'est plus des enfants, c'est des chiots.

On a mangé sur le pouce et après on a baisé sur l'ongle.

Il a neigé ? J'ai rien entendu.

C'est pas pour vexer les Noirs mais la neige elle est blanche…

Tiens ? Dame neige est tombée.

Le ski de descente ? Eh ben, je vois pas l'exploit.

Ils donnent de la vodka aux éléphants du zoo de Moscou.
— Même les éléphants doivent rien comprendre à ce qui se passe à l'Est.

Mars, ça sera trop dur à chauffer.

Les photos de Mars, on dirait la colline de Sancerre.

La grippe du poulet ? Le poulet ça a la grippe ?

Vous avez vu ? la grippe du poulet qui va sur l'homme ?
— Beuh, beuh, beuh… c'est du média.

Contre la grippe du poulet, faudrait pas qu'on meure avec un bouillon de bœuf.

… je la comprends, des poulets on en trouve plus de bons.

Ils sont élevés au chauffage, du coup le premier courant d'air, atchoum ! direct…

Même sans permis je conduis sinon j'ai des escarres aux pneus.

La délinquance, c'est un appel au secours.
— Moi direct c'est un appel aux flics.

Tu vas pas en prison mais on te met un bracelet qui sonne si tu sors de chez toi.
— Ça tombe bien, j'aime pas faire les courses.

Le bracelet prison, bientôt ils leur mettront des boucles d'oreille !

La prison à la maison, c'est pas nouveau !

T'as pas le droit de t'éloigner de plus de cinquante mètres du téléphone.
— Et le SDF, tu l'accroches à la cabine ?

Entre lire un truc de Corneille ou regarder la télé c'est pas cornélien comme choix, je regarde la télé.

Tuer un jeune, c'est pas un exploit.

Le seul moyen pour qu'ils respectent les policiers c'est de faire des bavures, sinon ils se croient tout permis les jeunes…

C'est un policier de Lyon qui a tué le jeune.
— Lyon j'y ai mangé, c'est pas si bon que ça.

Ils sont pas méchants, c'est des gangs qui mettent des bonnets.

Les polices municipales, faut leur donner des petits pots de merde, ça tue personne et les jeunes ça va les calmer de la merde sur les Nike !

Les Restos du Cœur c'est bien, des fois y a du hachis.

C'est des fauves les jeunes de banlieue !
— Les Restos du Cœur leur donnent trop de viande.

Pour aider les gens qui ont rien à bouffer, Coluche qui est mort il est encore plus efficace que Chirac qui est vivant…

Chirac pour moi est un homme à casquette.

… Vendre des trains, c'est tout ce qu'il sait faire.

… Il a bouffi comme du beignet.

… La preuve qu'il est rien c'est que personne mettra jamais la photo de Chirac sur le buffet.

Balladur c'est pas un crâne qu'il a, c'est un os à moelle.

La fatigue, il faudrait la tirer de l'organisme et la mettre en ampoule pour faire des piqûres aux insomniaques.

Ils ont toujours inoculé du virus, on le sait les docteurs c'est des fous ! les mieux c'est les pharmaciens.

On laisse toujours une place vide à table, c'est pas pour un pauvre mais c'est pour rapprocher la table à roulettes.

En Martinique, t'as pas de fromages.

… Si ça continue, c'est Paris qui va défigurer la tour Eiffel…

Elle est contente la bouchère, elle arrête pas de chanter.

— Ça marche leur boucherie.

— Elle qui tient la boutique et son mari qui fait la tournée…

— La tournée, tout le monde achète quelque chose même pas beaucoup mais quand le camion passe on se sent obligés, même que une saucisse…

— Ils sont contents d'avance pour leur retraite ! ils doivent avoir leur maison à Cannes qui attend avec la piscine.

— Cannes, c'est le coin de France le plus cher pour les villas.

— Tous les bouchers sont là-bas !

Huit cents balles le kilo pour du chapon ! parce qu'on lui a enlevé les couilles !

— Le chapon, ça a le même goût que le pape.

C'est honteux celui qui a fait ses besoins au pied du sapin, honteux ! et la mairie qui fait des efforts de décoration ! honteux !

Nous la dinde c'est sacré même si c'est sec.

Si je dois amener un livre sur une île déserte, moi j'amène la *Cuisine des îles.*

Proust ? Celui qui écrit petit ?

En offrant un livre, vous êtes sûre de faire un déçu.

Elle aime lire ?
— Un peu.
— T'as qu'à lui acheter le livre de la pouffiasse qui mange du pourri.
— Qui ?
— La fille qui vomit tout le temps.
— Tu parles d'un cadeau !

Bien sûr, vous ils vous disent bonjour parce que vous êtes la gardienne.

Vous le lavez avec quoi votre parquet ?
— Avec Manuel.

Moi je ne garde pas les pièces jaunes, je les donne, les pièces jaunes c'est des nids à microbes.

On a crucifié Jésus mais à côté de ça on lèche le cul à n'importe quel petit chef de service ! On aurait fait le contraire qu'on aurait moins d'emmerdes…

Vous êtes enceinte ? Houlà ! Attention à la crème de marron, ça étouffe le bébé.

C'est plus facile de faire des gosses que de trouver des cadeaux…

Noël au balcon… dégueulis sur le balcon…

Lui ! sa femme ! son fils ! une belle crèche d'enculés ces trois-là !

Léonard de Vinci, il a pas inventé le Coca !

Joyeux Noël !

Vous vous déguisez pour le réveillon ?
— Oui, le nez.
— Coupette ?
— Un million de poulets qu'ils vont tuer à cause de la grippe.

— Ils feraient mieux de les donner aux gens qui meurent de faim, quand tu meurs de faim t'en as rien à foutre d'une grippe.

— Le poulet à la grippe asiatique, on dirait une soupe.

— Moi ça y est mes cadeaux, j'ai pris des pots sur roulettes pour tout le monde.

— Vous aussi une coupette ?

— Tuer un million de poulets parce que y a eu quatre personnes qui sont mortes, c'est cher payé.

— C'est pas de la faute du poulet.

— Ce que j'aime dans les huîtres c'est le pain de seigle.

— Le poulet il est comme nous, il préférerait pas être malade.

— Moi c'est l'Aspro qui me rend malade.

— Déjà le midi elle était toute rouge ma femme.

— Nous on se restreint le midi.

— C'est du crémant.

— On oublie que Jésus est à l'honneur !

— Houlà, top ! ça mousse… il est frais ?

— Je le sors.

— Je n'ai rien contre les chrétiens parce que moi j'en suis.

— C'est devenu une fête païenne.

— Païenne, païenne pour qui ?

— Les mosquées y a du monde…

— Le Sphinx qui a traversé les âges, tu mets des gens pour habiter dedans, tu verras qu'un an après c'est cassé.

— Les Grecs c'est des cons.

… Ils égorgent des femmes, nous on brûle des voitures c'est pas mieux.

Pour le calmer le GIA faudrait lui faire ouvrir nos huîtres !

Encore quatre cents morts hier soir.
— Ils égorgent les bébés et ils sont contre l'avortement.
— C'est l'armée algérienne.
— Mais non, c'est les services secrets israéliens.
— Comment vous voulez comprendre des événements qui se passent dans les déserts ?
— Y a pas d'eau.
— Ils ont même pas droit aux jus de fruits qui sont des péchés.
— Si, y a pas d'eau.
— Y a même pas un stade pour les jeunes !
— Si, c'est vrai ce que je dis, y a pas d'eau.
— C'est des pays à la con.
— Y a pas d'eau.
— Si ça continue comme ça, la France restera pas longtemps en Europe.

Ce qu'il faut, c'est du dialogue verbal.

… La torture, faut toujours mettre un peu les mains…

Je supporte rien comme charcuterie, j'ai le foie arabe.

Ils ont cloué Jésus et maintenant la punition, on se fait chier à ouvrir les huîtres…

Quel vent ! On va retrouver la terre derrière la lune avec ce vent !

Le pape a pas changé depuis que j'ai cette bagnole.

Le pape à Cuba, ça rajoutera pas des pinces aux langoustes !

Pour le pape c'est facile de dire qu'on batte pas sa femme, il est pas marié.

Le pape va à Cuba mais Don Camillo était déjà allé à Moscou.

De la danse classique à la télé le lendemain de Noël, franchement, je voudrais pas être le danseur…

Je sais pas qui invente les fèves de la galette, mais c'est bien trouvé.

— Un chausson.

— Et nous un âne... Eh ben !...

Pour jeter son bébé dans un vide-ordures, il faut être vraiment dans la misère...

— La vraie misère, c'est quand on descend la poubelle à pied.

C'est pas une bonne publicité pour les raquettes cette avalanche.

On envoie pas des gosses à la neige quand la terre se réchauffe !

C'est l'avalanche à la télé qui m'a donné envie d'une fondue.

Un guide de haute montagne qui amène des gosses sous une avalanche, il mériterait d'être président de la République celui-là !

— Pour qu'ils brûlent pas des voitures on les envoie à la montagne et voilà le résultat...

C'est pire que l'Algérie ces jeunes qui sont morts à la montagne parce que là, c'est du hasard...

Nous au pôle Nord on a la cervelle qui gèle tout de suite.

… Il était temps qu'ils enterrent les gamins parce que maintenant c'est le foot.

La neige, il ne faut jamais oublier que c'est une inondation en dur.

C'est que des profs qui vendent des livres maintenant.

— C'est les seuls qui parlent français, les autres c'est agheu, agheu, agheu !

— Ils font des livres pour sortir de leur merde de profs, t'imagine pas qu'ils sachent le français pour autant !

— C'est les profs qui achètent les livres des profs, c'est comme ça que ça fait des ventes… ouais !

L'applaudissement, ça vient de l'otarie.

Si vous voulez gagner de l'argent faut écrire de la merde, les gens ne lisent plus que de la merde.

Quand je lis un livre, je veux être payé autant que le con qui l'a écrit.

Dans les tests génétiques ils font parler un cheveu, mais je préférais quand ils faisaient parler le coiffeur.

Quelqu'un qui attend un rein, tu sais pas quoi lui offrir.

Enseveli sous une avalanche, tu sais plus où est le haut ni le bas.

— Le haut, c'est le bonnet.

Si on m'avait dit qu'un jour on serait en 2000, je l'aurais pas cru !

Ils peuvent se doper autant qu'ils le veulent, je m'en fiche, j'adore le cyclisme !

Le pire, c'est quand tu te dopes et tu perds quand même.

Moi j'ai beaucoup de bon sens.

T'attrapes le sida en boîte de nuit alors que la tuberculose il fallait un travail.

À la Bourse, ils gagnent des milliards sans rien faire, juste en passant un coup de téléphone… d'ailleurs, j'aimerais bien l'avoir le numéro…

Tu gagnes dix milliards au Loto tu peux plus vivre pareil, tu t'achètes dix châteaux, et après faut rentrer chez toi.

On finira par avoir plus d'ennuis avec le sang que des avantages.

L'an 2000 c'est rien puisque c'est en 2001, l'an 2000.

Ça vient trop tôt l'an 2000, on est pas préparés.

L'an 2000 était prévu par ceux d'avant mais nous, on y est pour rien !

C'est la fin du mythe d'avant, cette date.

L'an 2000 c'est quelque chose qu'on va créer qui correspond à rien.

Moi, de toute façon, j'aurai soixante ans en 2010, alors 2000, ça m'impressionne pas.

C'est pas tous les jours l'an 2000 non plus…

Pour le calendrier des éboueurs 2000, on aura pas un Martien sur le palier, vous verrez.

Y en a plus des vieux cerveaux comme nous.

Elle aime pas son bébé, elle lui change la couche on dirait qu'elle change le papier du fax.

La journée internationale de la Femme, nous, on la fait pas, d'ailleurs je sais pas pourquoi j'en parle, on la fait jamais.

T'as vu ? ça sent bon.

Elle est morte la dame qui boitait ?
— Hier.
— Elle est morte de ça ?
— Vous lui demanderez... je suis pas légiste... j'ai même plus la vignette...

Le permis de conduire, c'est le seul papier de la préfecture que je comprends.

Moi je vis dans le monde d'aujourd'hui.

Moi ça ne m'intéresse plus, tout ça, vous savez, moi j'ai la bite qui a un pied dans la tombe.

Vous savez pas si y a des enlèvements de bagnoles dans le coin ?

— Aujourd'hui ?
— En ce moment.
— On a enlevé votre voiture ?
— Je sais pas.
— C'est quoi comme voiture ?
— Une R quelque chose.
— Dans cette rue ?
— Je sais pas.
— Vous vous êtes garé quand ?
— Hier, je crois.
— Ici ?
— Je sais pas… je la retrouve pas.

Ça sera la fin du monde l'an 2000… peut-être pas 2000, mais en 3000 en tout cas.

Moi ça me gêne pas d'être radin.

C'est grâce à la bière qu'on a les reins qui font pipi.

C'est le siècle qui veut ça, à la pêche faut que ça morde.

Les garçons, c'est à partir de quinze ans que ça devient intéressant.
— Dites pas ça, madame, vous me feriez rougir…

Président de la République, tu peux manger ce que tu veux, ah si !

Quand ils sont en voyage les grands présidents font caca dans une sorte de pot qu'ils rapportent dans leur pays, pour pas que les services secrets puissent faire des analyses.

Les pigeons vont toujours chier sur les statues, ils ont un œil au cul ces oiseaux.

Quand je bois l'apéro je paye mais y faut une obligation de résultat.

C'est dans les pays protestants qu'on roule à gauche.

Ça me fait peur ces ordinateurs qui nous surveillent.
— On y est à Big Brother, on y est !

Les paysans mettent le bras dans le cul des vaches, si ! bien sûr ! demandez-leur ! encore aujourd'hui, y a pas de machine pour faire ça.

Je serais chercheur, moi je saurais pas quoi chercher.

Pinochet, trois mille morts et il va s'en sortir !
— Remarque en France, Fabius, c'est pas mieux.

Si t'es connecté sur Internet, la police peut savoir que t'es chez toi.
— Quand je rentre j'allume la cuisine, c'est pas difficile à savoir.

Celui qui sort du café a la priorité par rapport à celui qui entre.
— Pas du tout, c'est celui qui entre qui est prioritaire.
— Il faut laisser passer celui qui a bu, c'est logique.
— C'est celui qui arrive, comme ça on ne se fonce pas dedans.

C'est pas dans les monastères tibétains qu'ils feront de la bénédictine !

Sur Internet on est surveillés, c'est plein de caméras partout.

Le mec qui se jette sous le train, il a fait l'effort d'aller à la gare.

Elle sait pas dessiner une poule, et pourtant son bébé il est né normal.

Les Noirs ont plus d'enfants que nous, évidemment, ils arrêtent pas d'en faire.

Depuis qu'on est envahis par tous les jeux qui se grattent, on dirait un hôpital en Inde son bistrot.

Il est bien pointu le ventre à votre dame, c'est pour bientôt le bébé ?
— Elle fait ce qu'elle veut.

Après neuf mois dans le ventre de la mère, la première chose à donner au bébé, c'est des lunettes de soleil.

Toi, t'es anticonformiste !

Dès que le docteur voit la tête du bébé qui sort, les parents changent de régime fiscal.

J'aimerais bien des jumeaux.
— La maternité, c'est l'auberge espagnole.

Neuf mois de plus dans le ventre de la mère, on naîtrait avec les habits.

Tous les jours la vie c'est un cadeau mais on est vite emmerdés par les emballages.

Plus le droit de conduire après deux verres... putain ! en France, on est vite dépassés par les événements.

L'an 2000 va être affiché sur la tour Eiffel.
— C'est bien d'avoir choisi la France.

Quand c'est Alain Decaux qui raconte, tu peux être sûr que c'est pas de la géographie.

En 1234, y avait pas de Loto, sinon ils auraient joué la date.

Le médecin généraliste, il te regarde de loin, c'est son boulot.
— Comme un général.

Il a appelé sa gamine Mélusine, je le sais, c'est le nom d'un fromage de chèvre.

Je suis moins chiant depuis que je rebois, tu crois pas ?

Si j'étais dans c't'état, c'est qu'on m'a rajouté un produit dans mon verre.

Les deux jambes cassées, il portait son casque, alors le casque, c'est pas non plus le miracle, hein ?... bon...

Visiter le désert ? on ne peut pas partir quinze jours, c'est pas possible.

L'Orient, c'est de la poésie de l'imaginaire qui vaut le déplacement.

Découvrir les autres c'est s'enrichir... mais attention de ne pas se laisser bouffer non plus.

La France, à la limite la Belgique, mais après les traditions changent.
— Et encore, la Belgique ?...

Les cinq premières années on se rappelle rien, je vois pas pourquoi on naît pas directement à cinq ans ?
— C'est pour la mère.

Je suis une visuelle, et si je parle avec quelqu'un d'auditif ou qui est tactile, la personne ne comprend pas, chacun a son canal de perception.

… Heureux les sourds…

Qui la toucherait d'abord ?
— Un aveugle, par mégarde…
— Ses canaux sont bien gardés !

À quatre-vingts pour cent je suis français, le reste c'est des habits qui sont fabriqués je sais pas où, et je m'en fous.

Les avancées techniques, on commence à se rendre compte qu'elles ont servi… strictement à rien.

N'importe quel bled à la con, c'est une région du globe.

Comme d'habitude ?
— Non, comme autrement.

La Suède, c'est typiquement le genre de pays où y a pas d'hôtel.

L'alcootest pour les chasseurs, bientôt ils vont demander de plus mettre de casquette à la pêche !

Un chasseur qui est bourré, c'est doublement une culture du terroir.

On s'est arrêtés en chemin, y avait un énorme blaireau écrasé sur le bord de la route.

— Un mâle ?

— Non, une femelle, il avait un regard de fille morte.

Les grands génies se rencontrent, mais moins souvent que les petits.

Je commence toutes mes phrases par « hier t'avais raison », comme ça, y m'écoute.

Ils apprennent le corps humain en troisième… y serait temps !

Tous les ans ils nous font acheter un nouveau livre de géographie, je comprends, ça change tout le temps, mais l'histoire ?!

Le one-man show qui a le moins de succès, c'est prof de maths.

Dès la maternelle on leur bourre le crâne aux gosses, tout ce qu'on leur enseigne, y a même plus de place pour le cerveau.

L'Afrique ça paraît grand mais t'as des bleds sur les bords.

À la maternelle ils pissent partout, c'est après qu'ils te crachent dessus.

Avec le chômage au moins, on est tous à égalité.

Pastis !
— A voté.

De quel droit on nous met au cimetière quand on est mort ? moi je veux rester chez moi avec une infirmière ! je m'en fous ! je paye !

Avec le cordon ombilical, moi j'avais déjà le téléphone.

Tu bois un coup ?
— Tu bois un coup ?
— Je vais pas faire le grand écart !

Je rentre à l'heure que je veux, j'ai l'immunité parlementaire.

Elle a les ongles en deuil, mais quand elle s'est mariée, c'était pareil.

Vous trouvez un trésor, après c'est que des emmerdes ! faut le porter à la mairie, ils en prennent la moitié, après c'est les impôts qui vous tombent dessus, moi j'en cherche pas.

Je suis un très bon amateur, mais je me considère pas comme un professionnel du chômage.

Mille fois un mètre ça fait pas un kilomètre, puisque ça tourne…

Toutes ces petites jeunes filles avec des grosses cuisses, qu'est-ce que vous voulez qu'il leur arrive d'autre ?

Tu t'es fait coiffer par un orchestre ?

J'aurais honte de taxer l'alcool comme ils le font !

Les milliards que ça rapporte l'alcool… en bossant on rapportera pas plus.

Qui c'est qui tombe des échafaudages à part nous ?

Le patronat, je l'emmerde, j'ai pas de boulot.

Tu fumes, tu bois, normalement tu meurs avant les autres, alors pourquoi ils nous font chier ?

Je me mets des limites dans les robes : jamais des couleurs qui me feraient des ennuis.

On a picolé comme des vaches et le lendemain, rien, pas malades, l'état de grâce.

Y a des poissons qui naissent pas pareils que les autres et qui aiment pas l'eau.

Il boit une bière et après il boit une Suze, c'est un autodidacte.

Y a toujours quelque chose qui fait du bruit dans une maison, le frigo ou les gosses.

T'as pas une idée de réveillon ?
— On va bouffer comme des cons.

Je bois tous les verres qui traînent, à cause de Vigipirate !

Une autopsie, autant que ça soit avant les fêtes qu'après.

Il paraît qu'il y a un tournevis qui tourne autour de la Terre ?

— C'est pas le mien.

L'inconscient collectif, c'est une ville qui rêve.

L'an 2000, ça remet l'avenir à zéro.

Tout est en perte de vitesse…

On finira comme la Grèce antique, à la fin, ils mangeaient tout le temps.

La dinde, c'était déjà dans la Bible.

On est allés la voir à l'hôpital, elle croit qu'elle est une petite fille, on sait plus quoi lui offrir, du coup…

Pour un enterrement, tu passes pas quinze jours à chercher des cadeaux !

Les gens sont jaloux de Paul Ricard.

Les 4 saisons des brèves de comptoir

Jean-Marie Gourio

"Je joue au tiercé pour que les chevaux puissent courir dehors, sinon je m'en fous, c'est plus pour eux que pour moi."

"On a supprimé la peine de mort et les gens continuent de mourir. Qu'est ce que tu veux y faire ?"

"L'amnésie totale, tu te souviens même plus que tu es un homme, tu crois que tu es un canard."

Il y a toujours un Pocket à découvrir

L'AUTOMNE

Pocket n° 13633

*"L'automne ça me file le bourdon.
J'ai des feuilles dans le ventre."*

"La jeunesse est une trop
belle richesse pour la confier
à des
jeunes cons !"

"Le blanc d'œuf et le jaune
d'œuf se battent jamais,
le *jaune* sait faire du
karaté, tu les connais."

"Même le jour de ma mort je croirai pas
en Dieu.
J'attendrai le lendemain, pour être sûr."

Les 4 saisons des brèves de comptoir

Jean-Marie Gourio

"Vivaldi, il l'a dans l'os, on a pas eu de printemps.
— Qui l'a dit ?"

"Qui dort dîne, et qui somnole boit juste l'apéro, forcément."

*"Le pire c'est la solitude, tu fais toujours une **tonne** de nouilles en trop."*

LE PRINTEMPS

Pocket n° 13631

"Je veux bien croire que l'intelligence
c'est culturel, mais la connerie
c'est bête, pas plus."

"Me fais pas chier avec le rêve américain !
Si ils rêvent c'est qu'ils dorment !"

**"Pendant la guerre, des muets
ont été torturés et sont passés
pour des héros."**

**"J'aime bien la télé,
mais juste pour regarder."**

LES 4 SAISONS DES BRÈVES DE COMPTOIR
Jean-Marie Gourio

*"Tu sais ce que ça représente la télé
quand t'as des gosses ?
La TRAN–QUIL–LI–TÉ !"*

"Le monde est tellement con, on dirait que c'est moi qui fait tout."

"Le langage, c'est ce qui différencie l'homme de la bête, plus tu dis de conneries, moins tu ressembles à un bigorneau."

L'ÉTÉ

Pocket n° 13631

"L'Atlantide, on cherche au fond
de la mer alors que si ça se trouve,
c'est à la montagne..."

"Un verre en cristal est trop fragile pour
qu'on puisse boire dedans peinardement."

**"Quand on lit, c'est bien,
on pense à rien."**

"Si la Bourse continue à baisser,
vendredi ça va être un *jeudi noir*."

Cet ouvrage a été imprimé en France par

CPI
Bussière

à Saint-Amand-Montrond (Cher)
en novembre 2009

Composé par Nord Compo Multimédia
7, rue de Fives, 59650 Villeneuve-d'Ascq

POCKET - 12, avenue d'Italie - 75627 Paris Cedex 13

— N° d'imp. : 91725. —
Dépôt légal : décembre 2009.